머리말

   중국은 경제, 군사 등 다방면에 걸쳐서 선진국으로 발돋음하기 위해 눈부실 만큼 빠르게 성장하고 있으며, 머잖아 그렇게 이루어지리라고 믿어 의심하지 않는다.

   한자는 우리 민족이 옛날부터 익혀 온 문자로, 의사를 표현하고, 일상 생활을 하는 데 없어서는 안될 문자였다. 그러나 이런 한자가 언제부턴가 우리 주위에서 사라져버렸고, 오늘날은 겨우 그 명맥만을 유지하고 있다고 해도 과언이 아니다.

   우리가 그러는 동안 우리처럼 한자 문화권인 중국과 일본은 간자체를 제정하여서 한자를 배우고 익히는 데 심혈을 기울여 왔다.

   이러한 모든 상황으로 미루어보아 이미 선진국이 되어버린 일본과 하루가 다르게 도약하고 있는 중국과의 경쟁에서 밀리지 않기 위해서라도 한자는 반드시 익혀야 할 문자가 되어버렸다.

   교육부에서는 교육용 한자를 이미 선정해서 발표하였고, 사회적으로도 한자 교육의 필요성을 강력하게 주장하고 있으며, 또한 한자 교육에 대한 관심도 높아지고 있어서 머지않아 한자와 병용하는 교육 정책이 이루어지리라는 것은 기정 사실이다.

   더욱이 각 기업체에서 채용시험 때의 한자의 비중을 중요시 하기로 함에 따라, 이런 분위기는 한자 교육에 더욱 힘을 실어주게 될 것이다.

   이 책에 실은 상용 한자는 초·중·고생 및 일반인에게 한자 학습의 이해력과 어휘력의 향상을 위해서 교육부가 선정, 발표한 1,800자 가운데 어려운 문자는 배제하고, 기초 한자와 기본 한자를 묶어서, 우리가 주로 사용하는 어휘로 엮었다.

   이 책이 필요한 모든 사람에게 꼭 필요한 한자 쓰기 교본이 되기를 바란다.

漢字를 쓰는 일반적인 순서

1. 위에서 아래로
위를 먼저 쓰고 아래는 나중에 : 一 二 三　一 T 工

2. 왼쪽서 오른쪽으로
왼쪽을 먼저, 오른쪽을 나중에 : ノ 刀 川　ノ イ 仁 代 代

3. 밖에서 안으로
둘러싼 밖을 먼저, 안을 나중에 : 丨 冂 月 日　丨 冂 田 田

4. 안에서 밖으로
내려긋는 획을 먼저, 삐침을 나중에 : 丨 亅 小　一 二 丁 示

5. 왼쪽 삐침을 먼저
① 삐침이 있을 경우 : 亅 小 小　一 十 土 赤 赤
② 삐침 사이에 세로획이 없는 경우 : ノ 尸 尸 尺　一 亠 六

6. 세로획을 나중에
위에서 아래로 내려긋는 획을 나중에 : 丨 口 口 中　丨 冂 曰 甲

7. 가로 꿰뚫는 획은 나중에
가로획을 나중에 쓰는 경우 : く 幺 女　フ 了 子

8. 오른쪽 위의 점은 나중에
오른쪽 위의 점은 맨 나중에 찍음 : 一 ナ 大 犬　一 二 丁 式 式

9. 책받침은 맨 나중에 (起와 勉은 먼저 씀) : ㇀ ㇀ ㇀ 斤 斤 近　八 ⺈ 弁 关 笑 送 送

10. 가로획을 먼저
가로획과 세로획이 교차하는 경우 : 一 十 古 古　一 井 共 共 共

11. 세로획을 먼저
① 세로획을 먼저 쓰는 경우 : 丨 口 市 由 由　丨 冂 冊 用 田
② 둘러싸여 있지 않는 경우는 가로획을 먼저쓴다 : 一 二 干 王　丶 ⺀ 亠 主 主

12. 가로획과 왼쪽 삐침 (삐침이 짧고 가로획이 길면 삐침을 먼저, 삐침이 길고 가로 획이 짧으면 가로 획을 먼저 쓴다.)
① 가로획을 먼저 쓰는 경우 : 一 ナ 左 左 左　一 ナ 才 右 在 在
② 위에서 아래로 삐침을 먼저 쓰는 경우 : ノ ナ 才 右 右　ノ ナ 才 冇 有 有

▶ 여기에서의 漢字 筆順은 例外의 것들도 많지만 대개 一般的으로 널리 쓰여지는 것임.

한자	뜻과 음	쓰는 순서
價	값 가	亻 亻' 俨 俨 價 價 價
格	격식 격	十 才 才' 杦 柊 格 格 格

價格(가격) : 화폐로서 나타낸 상품의 교환가치.

한자	뜻과 음	쓰는 순서
加	더할 가	丁 力 加 加 加
工	만들 공	一 丁 工

加工(가공) : 자재나 반제품에 수공, 공작 등으로 새로운 제품을 만듦.

한자	뜻과 음	쓰는 순서
可	옳을 가	一 亇 可 可 可
能	능할 능	厶 亽 台 台 肯 能 能 能

可能(가능) : 할 수 있음. 될 수 있음.

한자	뜻과 음	쓰는 순서
街	거리 가	彳 彳 彳 彳 待 徍 街 街
路	길 로	口 口 吊 무 趵 趵 路 路

街路(가로) : 사람이나 차량 등이 다니는 길. 시가지의 도로.

한자	뜻과 음	쓰는 순서
假	거짓 가	亻 亻 亻' 俨 俨 俨 假 假
想	생각할 상	十 才 木 朳 相 相 想 想

假想(가상) : 가정적으로 그렇게 될 경우의 일을 생각함.

한자	뜻과 음	쓰는 순서
佳	아름다울 가	ノ イ 什 什 佳 佳 佳
約	맺을 약	⺌ ⺌ ⺌ 纟 糸 紀 約 約
歌	노래 가	一 ɐ 可 팖 哥 歌 歌 歌
謠	노래 요	言 言 謠 謠 謠 謠 謠 謠
家	집 가	宀 宀 宁 宁 家 家 家
長	긴 장	一 Γ F E 토 長 長 長
角	뿔 각	⺈ 勹 角 角 角 角
度	법 도	广 广 广 庐 序 度 度
覺	깨달을 각	𦥯 𦥯 𦥯 𦥯 𦥯 覺 覺
悟	깨달을 오	忄 忄 忄 ド 怄 悟 悟 悟

佳約(가약) : 부부가 되자는 약속. 아름다운 약속.

歌謠(가요) : 민요, 동요, 속요, 유행가 등의 속칭. 대중가요의 준말.

家長(가장) : 집안의 어른. 한 가정을 이끌어 가는 사람.

角度(각도) : 각의 크기. 관점. 방면.

覺悟(각오) : 도리를 깨달음. 닥쳐올 일에 대한 마음의 준비.

漢字	뜻과 음	쓰는 순서
各	각각 **각**	ノ ク 夂 夂 各 各
種	씨 **종**	二 千 千 禾 禾 秳 種 種 種

各種(각종) : 온갖 종류, 또는 여러 종류. 각가지.

	뜻과 음	쓰는 순서
看	볼 **간**	一 二 三 手 禾 看 看 看 看
過	지날 **과**	冂 冂 冎 咼 咼 過 過 過

看過(간과) : 대충 보아 넘김. 깊이 유의하지 않고 예사로 내버려둠.

	뜻과 음	쓰는 순서
渴	목마를 **갈**	冫 氵 沪 沪 涓 渇 渇 渇
求	구할 **구**	一 十 寸 才 求 求 求

渴求(갈구) : 갈망하여 구함.

	뜻과 음	쓰는 순서
感	느낄 **감**	冫 冫 厂 厂 咸 咸 感 感
動	움직일 **동**	二 千 千 重 重 重 動 動

感動(감동) : 깊이 느껴 마음이 움직임. 마음속에 느끼는 감격의 마음.

	뜻과 음	쓰는 순서
甘	달 **감**	一 十 廾 廾 甘
受	받을 **수**	一 冖 冖 爫 爫 严 受 受

甘受(감수) : 책망이나 고통 따위를 달게 받음.

한자	뜻과 음	쓰는 순서	단어 뜻
講	익힐 강	丶 言 言 計 計 詳 講 講	
堂	집 당	丨 丷 ⺌ 꼬 竺 竺 堂 堂	講堂(강당): 강의나 의식 따위를 치르는 건물 또는 방.
江	큰내 강	丶 冫 氵 汀 江 江	
山	메 산	丨 凵 山	江山(강산): 강과 산. 나라의 영토를 비유해 말함.
强	굳셀 강	丶 彐 弓 弓 弘 弘 強 強	
弱	약할 약	丶 弓 弓 弓 弓 弱 弱	強弱(강약): 어떤 사물이나 세력 따위의 강함과 약함. 강자와 약자.
降	내릴 강	丶 阝 阝 阝 隆 降 降	
雨	비 우	一 冂 冂 币 币 雨 雨	降雨(강우): 비가 내림. 또는 내린 비. '강우량'의 준말.
皆	모두 개	一 ヒ 比 比 比 皆 皆	
勤	부지런할 근	艹 艹 节 苎 荁 堇 勤 勤	皆勤(개근): 학교나 직장 등에 일정 기간 빠짐 없이 출석 또는 출근함.

한자	뜻과 음	쓰는 순서
個	낱 개	丨 亻 亻 個 個 個 個 個
數	셀 수	口 日 目 婁 婁 婁 數 數

個數(개수) : 물건 따위의 수효.

한자	뜻과 음	쓰는 순서
開	열 개	丨 冂 冂 門 門 門 門 開
閉	닫을 폐	丨 冂 冂 門 門 門 閉 閉

開閉(개폐) : 열고 닫음. 열고 닫을 수 있게 만든 장치.

한자	뜻과 음	쓰는 순서
改	고칠 개	丨 コ 己 己 ア 改 改
革	가죽 혁	一 艹 サ 廾 芇 苩 苩 革

改革(개혁) : 새롭게 뜯어 고침. 합법적 절차로 묵은 체재 등을 고침.

한자	뜻과 음	쓰는 순서
居	살 거	一 コ 尸 尸 尸 尸 居 居
室	집 실	丶 宀 宀 宀 室 室 室 室

居室(거실) : 거처하는 방. 가족이 모여 생활하는 방.

한자	뜻과 음	쓰는 순서
巨	클 거	丨 厂 厂 巨 巨
人	사람 인	丿 人

巨人(거인) : 몸집이 유난히 큰 사람. 비범한 인물. 위인.

한자	뜻과 음	쓰는 순서
乾	하늘 건	一 十 古 古 卓 卓 乾 乾
坤	땅 곤	一 十 土 圤 圵 坰 坤

乾坤(건곤) : 하늘과 땅. 건괘와 곤괘. 음과 양.

한자	뜻과 음	쓰는 순서
建	세울 건	ㄱ ㄱ ㅋ 크 圭 聿 建 建
物	만물 물	ノ ╯ 十 ヰ 牜 物 物 物

建物(건물) : 사람이 살고, 일하고, 물건 등을 보관하기 위해 지은 축조물.

한자	뜻과 음	쓰는 순서
堅	굳을 견	丨 厂 戸 臣 臣 臤 堅
固	굳을 고	丨 冂 冂 月 用 用 周 固

堅固(견고) : 굳세고 튼튼함. 굳건하고 단단함.

한자	뜻과 음	쓰는 순서
犬	개 견	一 ナ 大 犬
馬	말 마	丨 厂 厂 馬 馬 馬 馬

犬馬(견마) : 개와 말. 자신을 낮추어 겸손을 나타내는 말.

한자	뜻과 음	쓰는 순서
見	볼 견	丨 冂 月 目 目 見
學	배울 학	F F' 臼 闸 與 學 學

見學(견학) : 실제로 가서 보고 배움.

漢字	뜻과 음	쓰는 순서
潔	깨끗할 결	氵氵汢汢汢潔潔潔
白	흰 백	′ ′ 冂 白 白

潔白(결백) : 깨끗하고 희다. 지조 따위가 더럽지 않고 깨끗함.

| 決 | 결단할 결 | 丶 冫 冫 冫 沪 決 決 |
| 定 | 정할 정 | 丶 宀 宀 宀 宀 定 定 |

決定(결정) : 결단하여 정함.

| 結 | 맺을 결 | 乙 幺 糸 紆 紆 紆 結 結 |
| 婚 | 혼인할 혼 | 乚 乂 女 妒 妒 妒 婚 婚 |

結婚(결혼) : 남녀가 부부 관계를 맺음.

| 輕 | 가벼울 경 | 冂 白 白 車 車 輕 輕 輕 |
| 減 | 덜 감 | 氵 氵 厂 厂 沜 減 減 減 |

輕減(경감) : 세금, 고통, 부담 등을 덜어서 가볍게 함.

| 競 | 다툴 경 | 丶 亠 立 竟 竟 競 競 |
| 技 | 재주 기 | 一 十 扌 扌 扌 技 技 |

競技(경기) : 무술이나 운동 등으로 승부를 겨룸.

庚	뜻과 음: 천간 **경** 쓰는 순서: 丶 亠 广 庁 庐 庐 庚 庚
午	뜻과 음: 낮 **오** 쓰는 순서: 丿 𠂉 二 午

庚午(경오) : 육십 간자의 일곱째.

驚	뜻과 음: 놀랄 **경** 쓰는 순서: 艹 苟 敬 驚 驚 驚
異	뜻과 음: 다를 **이** 쓰는 순서: 口 田 田 甲 甲 畢 異

驚異(경이) : 신비로운 풍경이나 놀랍도록 이상함.

慶	뜻과 음: 경사 **경** 쓰는 순서: 亠 广 庐 庐 庐 慶 慶 慶
祝	뜻과 음: 빌 **축** 쓰는 순서: 二 丅 亓 亓 祝 祝 祝 祝

慶祝(경축) : 경사로운 행사나 일 등을 축하함.

景	뜻과 음: 경치 **경** 쓰는 순서: 丨 冂 日 旦 昌 봄 景 景
致	뜻과 음: 이를 **치** 쓰는 순서: 一 工 王 至 至 致 致

景致(경치) : 산수 등 자연계의 아름다운 현상.

溪	뜻과 음: 시내 **계** 쓰는 순서: 氵 氵 沪 沪 浑 浑 溪 溪
谷	뜻과 음: 골 **곡** 쓰는 순서: 丿 八 个 夲 谷 谷 谷

溪谷(계곡) : 물이 흐르는 골짜기.

鷄	뜻과 음	닭 **계**
	쓰는 순서	⺈ ⺊ 冬 奚 奚 鷄 鷄

卵	뜻과 음	알 **란**
	쓰는 순서	⺁ ⺄ ⺅ 白 的 的 卵

鷄卵(계란) : 달걀. 닭의 알.

計	뜻과 음	셈할 **계**
	쓰는 순서	丶 二 言 言 言 言 計

算	뜻과 음	셈할 **산**
	쓰는 순서	⺊ ⺊ ⺮ ⺮ 竹 笡 算 算

計算(계산) : 수를 헤아림. 어떤 일을 예상 또는 고려함.

季	뜻과 음	철 **계**
	쓰는 순서	一 二 千 千 禾 禾 季 季

節	뜻과 음	마디 **절**
	쓰는 순서	⺊ ⺮ 竹 笚 笚 笚 節 節

季節(계절) : 일 년을 넷으로 나눈 한 철.

癸	뜻과 음	천간 **계**
	쓰는 순서	丿 丆 癶 癶 癶 癶 癸 癸

丑	뜻과 음	소 **축**
	쓰는 순서	丁 丑 丑 丑

癸丑(계축) : 육십갑자의 쉰 번째.

苦	뜻과 음	괴로울 **고**
	쓰는 순서	一 ⺿ ⺿ 芒 芒 苦 苦

待	뜻과 음	기다릴 **대**
	쓰는 순서	丿 彳 彳 彳 待 待 待 待

苦待(고대) : 몹시 기다림.

한자	뜻과 음	쓰는 순서
古	옛 고	一 十 十 古 古
昔	옛 석	一 十 廿 昔 昔 昔 昔

古昔(고석) : 오랜 옛날. 옛적.

한자	뜻과 음	쓰는 순서
高	높을 고	丶 亠 古 古 古 高 高
低	낮을 저	丿 亻 亻 亻 低 低 低

高低(고저) : 높고 낮음.

한자	뜻과 음	쓰는 순서
故	연고 고	十 十 古 古 古 한 故 故
鄕	시골 향	ㄑ 乡 乡 纟 纟 纟 鄕 鄕

故鄕(고향) : 자기가 태어나 자란 곳. 마음이나 영혼의 안식처.

한자	뜻과 음	쓰는 순서
曲	굽을 곡	丨 冂 冂 曲 曲 曲
線	실 선	乡 糹 糹 紵 紵 紵 線 線

曲線(곡선) : 부드럽게 굽어진 선의 총칭.

한자	뜻과 음	쓰는 순서
穀	곡식 곡	土 吉 吉 孛 喆 穀 穀 穀
酒	술 주	氵 氵 汀 沂 沖 洒 酒 酒

穀酒(곡주) : 곡식으로 만든 술의 총칭.

困	뜻과음 곤할 **곤** 쓰는순서 丨 冂 冂 用 用 困 困					
難	뜻과음 어려울 **난** 쓰는순서 ⺊ ⺽ 莒 莫 촄 難 難					

困難(곤란) : 사정 따위가 매우 딱하고 어려움.

骨	뜻과음 뼈 **골** 쓰는순서 冂 冂 回 咼 咼 骨 骨 骨					
肉	뜻과음 살 **육** 쓰는순서 丨 冂 冂 内 肉 肉					

骨肉(골육) : 뼈와 살.

空	뜻과음 빌 **공** 쓰는순서 ⺀ ⺍ 宀 宀 宄 空 空 空					
氣	뜻과음 기운 **기** 쓰는순서 ⺊ ⺅ 气 气 気 氣 氣 氣					

空氣(공기) : 지구를 둘러싼 무색무취의 기체.
　　　　　　주위에 감도는 기운.

共	뜻과음 함께 **공** 쓰는순서 一 十 ⺸ 井 共 共					
同	뜻과음 한가지 **동** 쓰는순서 丨 冂 冂 同 同 同					

共同(공동) : 여러 사람이 같은 자격으로 관계
　　　　　　하거나 일 따위를 같이 함.

功	뜻과음 공 **공** 쓰는순서 一 丅 工 功 功					
勞	뜻과음 일할 **로** 쓰는순서 ⺊ ⺍ ⺍ ⺍ 炏 ⺿ 勞 勞					

功勞(공로) : 애쓰고 이바지한 공적.

한자	뜻과 음	쓰는 순서
公	공평할 공	ノ 八 公 公
私	사사로울 사	ノ 二 千 禾 禾 私 私

公私(공사) : 공공의 일과 사사로운 일. 사회와 개인.

한자	뜻과 음	쓰는 순서
果	열매 과	丨 冂 日 日 旦 甲 果 果
敢	감히 감	工 丅 舌 耳 耳 耳 敢 敢

果敢(과감) : 과단성이 있고 용감함. 일 따위를 망설이지 않고 용감하게 진행함.

한자	뜻과 음	쓰는 순서
課	매길 과	丶 亠 言 訁 評 評 課 課
題	제목 제	日 旦 早 是 是 題 題

課題(과제) : 처리하거나 해결해야 할 문제.

한자	뜻과 음	쓰는 순서
觀	볼 관	丶 一 艹 芢 萝 萑 雚 觀
衆	무리 중	丿 宀 血 血 夲 夲 衆 衆

觀衆(관중) : 구경하는 사람들. 관객.

한자	뜻과 음	쓰는 순서
光	빛 광	丨 丬 丬 半 光 光
復	돌아올 복	丿 彳 彳 符 徉 復 復 復

光復(광복) : 잃었던 나라와 주권을 되찾음.

廣	뜻과음	넓을 **광**
	쓰는 순서	亠 广 广 产 庐 席 庿 廣

場	뜻과음	마당 **장**
	쓰는 순서	十 土 圤 坦 坦 坦 場 場

廣場(광장) : 여러 갈림길이 있는 넓은 마당.

橋	뜻과음	다리 **교**
	쓰는 순서	十 才 杧 杧 桥 梸 橋 橋

脚	뜻과음	다리 **각**
	쓰는 순서	丿 刀 月 肌 肚 胠 脚 脚

橋脚(교각) : 다리의 본체를 받치는 기둥.

敎	뜻과음	가르칠 **교**
	쓰는 순서	丿 ㅆ 二 于 爻 孝 敎 敎

科	뜻과음	과목 **과**
	쓰는 순서	二 千 千 禾 禾 科 科

敎科(교과) : 배우는 이에게 가르치는 교과목. 교과서.

校	뜻과음	학교 **교**
	쓰는 순서	十 才 才 朾 杧 栌 栫 校

門	뜻과음	문 **문**
	쓰는 순서	丨 冂 冋 冐 門 門 門 門

校門(교문) : 학교를 드나드는 문.

交	뜻과음	사귈 **교**
	쓰는 순서	丶 亠 亠 六 亥 交

通	뜻과음	통할 **통**
	쓰는 순서	丶 冖 冃 甬 甬 涌 通 通

交通(교통) : 사람의 왕래, 화물의 수송 등 운송 수단으로 하는 일.

한자	뜻과 음	쓰는 순서
口	입 구	丨 口 口
舌	혀 설	丿 二 千 千 舌 舌

口舌(구설) : 입과 혀. 시비하거나 헐뜯는 말.

한자	뜻과 음	쓰는 순서
九	아홉 구	丿 九
十	열 십	一 十

九十(구십) : 아흔. 열의 아홉 갑절.

한자	뜻과 음	쓰는 순서
求	구원할 구	一 十 十 寸 求 求 求
助	도울 조	丨 冂 冃 且 助 助

求助(구조) : 곤경에서 구함.

한자	뜻과 음	쓰는 순서
苟	구차할 구	丶 艹 艹 芍 苟 苟
且	또 차	丨 冂 冃 月 且

苟且(구차) : 군색스럽고 구구함. 집이나 마음 따위가 가난함.

한자	뜻과 음	쓰는 순서
國	나라 국	丨 冂 冋 冋 國 國 國 國
防	통할 통	一 了 阝 阝 阡 防 防

國防(국방) : 외적 따위의 침략을 막기 위한 나라의 방위.

한자	뜻과 음	쓰는 순서
軍	군사 군	冖冖冖冖冐冐宣軍
士	선비 사	一十士
卷	책 권	丷丷丷丷半失卷卷
頭	머리 두	一口豆豆豆頭頭頭
勸	권할 권	艹艹艹艹萑雚勸勸
勉	힘쓸 면	丿ク毎毎毎免免勉
權	권세 권	木木木木横横横権
限	한정할 한	乛阝阝阝阝阝限限
貴	귀할 귀	口口中虫虫贵貴貴
中	가운데 중	丨口口中

軍士(군사) : 병사. 군인이나 군대를 이르는 말.

卷頭(권두) : 책의 첫머리를 일컬음.

勸勉(권면) : 알아듣도록 권하고 격려해서 힘쓰도록 함.

權限(권한) : 국가나 단체 등이 법에 의해서 할 수 있는 범위. 할 수 있는 권리의 범위.

貴中(귀중) : 우편물을 받을 단체 등의 이름 아래 쓰는 존칭.

漢字	뜻과 음	쓰는 순서
極	다할 극	一十才朽柯柯極極極
甚	심할 심	一十十廿其其其甚

極甚(극심) : 어떤 행위나 상황 따위가 정도를 지나쳐 극히 심함.

漢字	뜻과 음	쓰는 순서
勤	부지런할 근	艹廾芹苣茣菫勤勤
務	일 무	그矛矛矛矛敄務務

勤務(근무) : 직장의 일에 종사함.

漢字	뜻과 음	쓰는 순서
根	뿌리 근	一十才朽朽杆根根
本	근본 본	一十才木本

根本(근본) : 초목의 뿌리. 사물이 발생하는 근원.

漢字	뜻과 음	쓰는 순서
近	가까울 근	一厂斤斤沂沂近
視	볼 시	二禾利和祁視視

近視(근시) : 가까운 곳은 잘 보고 먼 곳은 잘 못보는 시력의 눈.

漢字	뜻과 음	쓰는 순서
金	쇠 금	丿𠆢𠆢今全全金金
錢	돈 전	亼牟金鈛錢錢錢

金錢(금전) : 쇠붙이로 만든 돈. 금화. 돈. 화폐.

| 禁 | 뜻과음 | 금할 **금** |
| | 쓰는순서 | 十 † 村 村 林 林 埜 埜 禁 |

| 止 | 뜻과음 | 그칠 **지** |
| | 쓰는순서 | l 卜 止 止 |

禁止(금지) : 어떤 일이나 행위를 말려서 못하게 함.

| 急 | 뜻과음 | 급할 **급** |
| | 쓰는순서 | ノ ク ካ 刍 刍 刍 急 急 急 |

| 流 | 뜻과음 | 흐를 **류** |
| | 쓰는순서 | 氵 氵 氵 泸 泸 泸 流 流 |

急流(급류) : 급하게 흐르는 물. 급작스런 사회 변화 등의 비유.

| 給 | 뜻과음 | 줄 **급** |
| | 쓰는순서 | ㄴ 幺 糸 糸 糸 給 給 給 |

| 食 | 뜻과음 | 먹을 **식** |
| | 쓰는순서 | ノ 人 今 今 今 食 食 食 |

給食(급식) : 학교나 공장 등에서 음식을 줌.

| 期 | 뜻과음 | 기약할 **기** |
| | 쓰는순서 | 一 十 廿 甘 其 其 期 期 |

| 末 | 뜻과음 | 끝 **말** |
| | 쓰는순서 | 一 二 ナ 才 末 |

期末(기말) : 한정된 어느 기간의 끝.

| 起 | 뜻과음 | 일어날 **기** |
| | 쓰는순서 | 十 土 キ 丰 走 走 起 起 |

| 伏 | 뜻과음 | 엎드릴 **복** |
| | 쓰는순서 | ノ 亻 亻 伊 伏 伏 |

起伏(기복) : 지세의 높낮이. 세력의 강약.

記	뜻과음: 기록할 **기** 쓰는 순서: 丶 亠 言 言 言 訂 訂 記						

憶	뜻과음: 생각할 **억** 쓰는 순서: 丨 忄 忙 忙 愔 愔 憶 憶						

記憶(기억) : 지난 일을 잊지 않음.

旣	뜻과음: 이미 **기** 쓰는 순서: 白 白 自 皀 皀 旣 旣 旣						

往	뜻과음: 갈 **왕** 쓰는 순서: 丶 丿 彳 彳 衤 彳 彳 往 往						

旣往(기왕) : 이미 지나간 이전. 그전. 이왕에.

基	뜻과음: 터 **기** 쓰는 순서: 一 十 卄 甘 甘 其 其 基						

準	뜻과음: 평평할 **준** 쓰는 순서: 氵 汁 汁 沖 淮 淮 淮 準						

基準(기준) : 기본이 되는 표준. 열을 지을 때 표준이 되는 사람.

其	뜻과음: 그 **기** 쓰는 순서: 一 十 卄 甘 甘 甘 其 其						

他	뜻과음: 다를 **타** 쓰는 순서: 丿 亻 亻 仲 他						

其他(기타) : 그밖의 또 다른 것.

幾	뜻과음: 몇 **기** 쓰는 순서: 幺 幺 絲 絲 絲 幾 幾 幾						

何	뜻과음: 어찌 **하** 쓰는 순서: 丿 亻 亻 仃 何 何 何						

幾何(기하) : 얼마나. 기하학의 준말.

吉	뜻과음: 길할 **길** 쓰는순서: 一 十 士 吉 吉 吉					
凶	뜻과음: 흉할 **흉** 쓰는순서: ノ ㄨ 凶 凶					

吉凶(길흉) : 좋은 일과 언짢은 일. 행복과 재앙.

暖	뜻과음: 따뜻할 **난** 쓰는순서: 冂 日 日' 日″ 日𠂊 暖 暖 暖					
房	뜻과음: 방 **방** 쓰는순서: 一 厂 ㄏ 戸 戸 房 房					

暖房(난방) : 방을 덥게 함.

男	뜻과음: 사내 **남** 쓰는순서: 丨 冂 冊 甲 甲 男 男					
女	뜻과음: 계집 **녀** 쓰는순서: 乄 夊 女					

男女(남녀) : 남자와 여자.

內	뜻과음: 안 **내** 쓰는순서: 丨 冂 內 內					
外	뜻과음: 바깥 **외** 쓰는순서: ノ ク 夕 夕l 外					

內外(내외) : 안팎. 안과 밖. 부부. 어떤 기분에 조금 넘거나 덜한 것.

乃	뜻과음: 이에 **내** 쓰는순서: ノ 乃					
至	뜻과음: 이를 **지** 쓰는순서: 一 厂 ㄈ 즈 至 至					

乃至(내지) : 수량을 나타내는 말 사이에서 「얼마에서 얼마까지」라는 뜻으로 쓰는 접속부사.

怒	뜻과음: 성낼 노
	쓰는순서: ㄥ ㄠ 女 奴 奴 怒 怒

氣	뜻과음: 기운 기
	쓰는순서: ㄥ ㄍ 气 气 气 氣 氣 氣

怒氣(노기) : 노한 기색. 성이 난 얼굴빛.

老	뜻과음: 늙을 노
	쓰는순서: 一 十 土 耂 耂 老

而	뜻과음: 말이을 이
	쓰는순서: 一 ㄒ 丆 丙 而 而

老而(노이) : 늙었음에도, 늙은 나이에.

農	뜻과음: 농사 농
	쓰는순서: 冂 ㅍ 曲 曲 芦 農 農 農

耕	뜻과음: 밭갈 경
	쓰는순서: 一 二 丰 耒 耒 耒 耕 耕

農耕(농경) : 논밭을 갈아 농사를 지음.

多	뜻과음: 많을 다
	쓰는순서: 丿 ク タ 多 多 多

忙	뜻과음: 바쁠 망
	쓰는순서: 丨 丨 忄 忄 忙 忙

多忙(다망) : 매우 바쁨.

短	뜻과음: 짧을 단
	쓰는순서: 丿 二 矢 知 知 短 短 短

刀	뜻과음: 칼 도
	쓰는순서: 刁 刀

短刀(단도) : 길이가 한 자 이내의 짧은 칼.

單	뜻과음: 홑 **단** 쓰는순서: 丨 冂 冂 吅 吅 胃 單 單	
純	뜻과음: 순수할 **순** 쓰는순서: 〈 幺 乡 糸 糸 紀 純	單純(단순) : 간단함, 솔직하고 순진함.
但	뜻과음: 다만 **단** 쓰는순서: 丿 亻 亻 但 但 但	
只	뜻과음: 다만 **지** 쓰는순서: 丨 口 口 只 只	但只(단지) : 오직. 오로지.
丹	뜻과음: 붉을 **단** 쓰는순서: 丿 几 月 丹	
靑	뜻과음: 푸를 **청** 쓰는순서: 一 十 十 丰 主 青 青 青	丹靑(단청) : 대궐이나 절 등의 벽, 기둥, 천장 등에 여러 가지 색으로 그린 그림.
達	뜻과음: 통달할 **달** 쓰는순서: 十 土 圭 幸 幸 幸 達 達	
成	뜻과음: 이룰 **성** 쓰는순서: 丿 厂 厂 厈 成 成 成	達成(달성) : 하고자 하는 목적을 이룸.
談	뜻과음: 말씀 **담** 쓰는순서: 丶 亠 言 言 言 談 談 談	
話	뜻과음: 말씀 **화** 쓰는순서: 丶 亠 言 言 言 話 話 話	談話(담화) : 이야기를 주고 받음. 기관 등에서 어떤 사안에 대해 발표하는 말.

當	뜻과음: 마땅할 **당** 쓰는 순서: 丨 丷 丛 삼 肖 尙 常 當						
直	뜻과음: 곧을 **직** 쓰는 순서: 一 十 广 市 吉 肯 直 直						

當直(당직) : 근무하는 직장에서 숙직, 일직 등의 차례가 됨.

對	뜻과음: 대할 **대** 쓰는 순서: 丨 丷 丛 丵 丵 丵 對 對						
答	뜻과음: 대답할 **답** 쓰는 순서: 丿 ㄗ 竹 竹 笑 笐 答 答						

對答(대답) : 묻는 말에 답함. 부름에 응함. 어떤 문제의 해답.

大	뜻과음: 큰 **대** 쓰는 순서: 一 ナ 大						
小	뜻과음: 작을 **소** 쓰는 순서: 亅 丿 小						

大小(대소) : 사물의 크고 작음.

代	뜻과음: 대신 **대** 쓰는 순서: 丿 亻 仁 代 代						
表	뜻과음: 겉 **표** 쓰는 순서: 一 十 キ 主 丰 耒 表 表						

代表(대표) : 개인, 단체를 대신하거나 모든 사람을 대신하는「대표자」의 준말.

德	뜻과음: 큰 **덕** 쓰는 순서: 彳 彳 彳 徂 徝 徳 徳 德						
分	뜻과음: 나눌 **분** 쓰는 순서: 丿 八 今 分						

德分(덕분) : 남에게 베풀어준 도움. 덕택.

한자	뜻과 음	쓰는 순서
徒	무리 **도**	彳 彳 彳 彳 彳 徒 徒
步	걸음 **보**	丨 丄 止 止 牛 步 步

徒步(도보) : 탈 것을 타지 않고 걸어감, 또는 그 걸음.

한자	뜻과 음	쓰는 순서
都	도읍 **도**	十 土 耂 耂 者 者 都 都
城	재 **성**	一 十 𠂆 圹 城 城 城 城

都城(도성) : 옛 도읍의 둘레에 쌓은 성곽. 서울.

한자	뜻과 음	쓰는 순서
圖	그림 **도**	冂 冋 冋 昌 周 啚 圖 圖
案	책상 **안**	宀 宀 安 安 安 案 案 案

圖案(도안) : 그림으로 나타낸 설계도.

한자	뜻과 음	쓰는 순서
到	이를 **도**	一 エ 五 至 至 至 到 到
着	붙을 **착**	丷 丷 半 半 养 养 着 着

到着(도착) : 목적지에 다 다름.

한자	뜻과 음	쓰는 순서
讀	읽을 **독**	三 言 言 讀 讀 讀 讀 讀
書	글 **서**	㇕ ㇕ ㇖ 彐 彐 聿 書 書

讀書(독서) : 책 따위를 읽음.

獨	뜻과 음: 홀로 **독**
	쓰는 순서: 丿 犭 犭 狎 猩 猥 獨 獨

唱	뜻과 음: 노래할 **창**
	쓰는 순서: 口 口 叩 叩 唱 唱 唱 唱

獨唱(독창) : 혼자서 노래를 부름, 또는 그 노래.

洞	뜻과 음: 마을 **동**
	쓰는 순서: 丶 氵 汀 洞 洞 洞 洞

里	뜻과 음: 마을 **리**
	쓰는 순서: 丨 口 曰 甲 里 里

洞里(동리) : 마을. 동과 리를 아울러 이르는 말.

冬	뜻과 음: 겨울 **동**
	쓰는 순서: 丿 夂 夂 冬 冬

眠	뜻과 음: 쉴 **면**
	쓰는 순서: 丨 刂 目 目 眄 眠 眠 眠

冬眠(동면) : 겨울잠.

東	뜻과 음: 동녘 **동**
	쓰는 순서: 一 厂 厂 白 日 申 東 東

西	뜻과 음: 서녘 **서**
	쓰는 순서: 一 厂 厂 币 西 西

東西(동서) : 동쪽과 서쪽. 동양과 서양. 공산권과 자유 진영.

童	뜻과 음: 아이 **동**
	쓰는 순서: 亠 立 产 产 音 音 童 童

詩	뜻과 음: 글구 **시**
	쓰는 순서: 亠 言 言 計 計 詩 詩 詩

童詩(동시) : 어린이가 짓거나, 어린이를 위해서 지은 시.

斗	뜻과음: 말 **두** 쓰는순서: 丶 亠 三 斗					
屋	뜻과음: 집 **옥** 쓰는순서: 一 コ 尸 尸 戶 屋 屋 屋					

斗屋(두옥) : 작은 방. 작고 초라한 방이나 집.

豆	뜻과음: 콩 **두** 쓰는순서: 一 丆 ﬁ 日 日 豆 豆					
油	뜻과음: 기름 **유** 쓰는순서: 丶 丶 氵 汀 沪 沪 油 油					

豆油(두유) : 콩에서 짜낸 기름.

得	뜻과음: 얻을 **득** 쓰는순서: 彳 彳 䘖 䘙 得 得 得					
失	뜻과음: 잃을 **실** 쓰는순서: 丿 一 二 失 失					

得失(득실) : 얻음과 잃음. 이익과 손해.

等	뜻과음: 무리 **등** 쓰는순서: ⺊ ⺊ ⺮ 竺 竺 竺 等 等					
位	뜻과음: 벼슬 **위** 쓰는순서: 丿 亻 亻 亻 位 位 位					

等位(등위) : 좋고 나쁜 등급.

登	뜻과음: 오를 **등** 쓰는순서: 丆 癶 癶 癶 癶 登 登 登					
頂	뜻과음: 정수리 **정** 쓰는순서: 一 丁 丁 项 项 頂 頂 頂					

登頂(등정) : 산 따위의 꼭대기에 오름.

한자	뜻과 음	쓰는 순서
燈	등잔 등	火 火' 火'' 火'' 炒 炒 燈 燈
火	불 화	丶 丷 火

燈火(등화) : 등잔불. 등잔에 켠 불.

한자	뜻과 음	쓰는 순서
莫	없을 막	艹 艹 艹 莒 莒 莫 莫
逆	거스를 역	丷 丷 屰 屰 屰 逆 逆

莫逆(막역) : 허물이 없이 아주 친함.

한자	뜻과 음	쓰는 순서
萬	일만 만	艹 艹 苩 苩 萬 萬 萬
若	만일 약	艹 艹 艹 艿 艿 若 若

萬若(만약) : 만일. 혹시 그런 경우에는.

한자	뜻과 음	쓰는 순서
滿	찰 만	氵 氵 汁 汁 汁 滿 滿 滿
足	발 족	丨 口 口 口 𤴓 𤴓 足

滿足(만족) : 마음에 흡족함.

한자	뜻과 음	쓰는 순서
晚	늦을 만	丨 日 日' 日' 旳 旳 晚
鐘	쇠북 종	𠂉 𠂉 金 鈩 鈩 鐕 鐘 鐘

晚鐘(만종) : 저녁 무렵 절이나 교회 같은 곳에서 치는 종.

한자	뜻과 음	쓰는 순서
賣	팔 **매**	十 士 吉 吉 吉 青 賣 賣
買	살 **매**	罒 罒 罒 買 買 買

賣買(매매) : 물건이나 상품을 팔고 사는 일.

한자	뜻과 음	쓰는 순서
每	매양 **매**	ノ 亠 仁 彡 每 每 每
事	일 **사**	一 亓 豆 亘 写 写 事

每事(매사) : 모든 일. 일마다.

한자	뜻과 음	쓰는 순서
麥	보리 **맥**	一 十 * 朮 來 夾 麥 麥
飯	밥 **반**	ノ 亻 刍 刍 刍 刍 飣 飯

麥飯(맥반) : 보리밥.

한자	뜻과 음	쓰는 순서
免	면할 **면**	ノ ク 久 产 各 免 免
許	허락할 **허**	一 亠 亖 言 言 訂 許 許

免許(면허) : 어떠한 일을 할 수 있는 공식적인 자격을 허가하는 일.

한자	뜻과 음	쓰는 순서
命	목숨 **명**	ノ 人 人 合 合 合 合 命
令	하여금 **령**	ノ 人 人 今 令

命令(명령) : 무엇을 하게 아래에 지시함.

한자	뜻과 음	쓰는 순서
母	어미 **모**	ㄴ ㄲ ㄖ 몽 母
性	성품 **성**	ㆍ ㆍ 忄 忄 忄 忄 性 性

母性(모성) : 여성이 어머니로서 갖는 본능.

한자	뜻과 음	쓰는 순서
木	나무 **목**	一 十 才 木
材	재목 **재**	一 十 才 木 木 材 材

木材(목재) : 나무로 된 재료.

한자	뜻과 음	쓰는 순서
妙	묘할 **묘**	ㄑ 乆 女 如 如 妙 妙
味	맛 **미**	丨 口 口 ㅁㅡ 吁 呀 味

妙味(묘미) : 묘한 맛. 미묘한 정취.

한자	뜻과 음	쓰는 순서
無	없을 **무**	ㆍ ㅡ 二 年 無 無 無 無
關	빗장 **관**	冂 冂 門 門 閁 關 關 關

無關(무관) : 관심이나 흥미가 없음. 無關係의 준말.

한자	뜻과 음	쓰는 순서
武	굳셀 **무**	一 二 干 干 丁 正 武 武
力	힘 **력**	ㄱ 力

武力(무력) : 군사상의 힘. 난폭하게 우겨대는 힘.

茂盛(무성) : 초목이 많이 우거짐. 소문, 유행 따위가 활발하게 일어남.

戊戌(무술) : 육십자간의 서른다섯째.

舞踊(무용) : 음악에 맞춰 율동적인 동작으로 감정을 표현함.

墨畵(묵화) : 먹으로 그린 그림이나 동양화.

文藝(문예) : 학문과 기예. 미적 현상을 글 따위로 표현하는 예술.

勿	뜻과음	말 **물**
	쓰는순서	ノ 勹 勿 勿

論	뜻과음	의논할 **론**
	쓰는순서	亠 言 言 訃 訟 訟 論 論

勿論(물론) : 말할 것 없음. 말할 것 없이.

未	뜻과음	아직 **미**
	쓰는순서	一 二 十 才 未

來	뜻과음	올 **래**
	쓰는순서	一 厂 厂 不 來 來 來 來

未來(미래) : 앞날. 장래.

微	뜻과음	작을 **미**
	쓰는순서	彳 彳 彳 微 微 微 微

笑	뜻과음	웃음 **소**
	쓰는순서	竹 竹 竺 竺 竺 笑 笑

微笑(미소) : 소리를 내지 않고 웃는 웃음.

美	뜻과음	아름다울 **미**
	쓰는순서	丷 䒑 半 美 美 美 美

俗	뜻과음	풍속 **속**
	쓰는순서	亻 亻 俗 俗 俗 俗 俗

美俗(미속) : 아름다운 풍속. 미풍(美風).

米	뜻과음	쌀 **미**
	쓰는순서	丶 丷 二 半 米 米

飮	뜻과음	마실 **음**
	쓰는순서	人 今 今 食 食 飮 飮 飮

米飮(미음) : 쌀 등의 곡물로 끓인 죽.

民	뜻과음: 백성 **민** 쓰는순서: 𠃍 𠃎 尸 民 民					

族	뜻과음: 겨레 **족** 쓰는순서: 亠 方 方 扩 产 萨 族 族					

民族(민족) : 한 지역에서 태어나 언어, 습관, 문화 등을 함께 하며 생활하는 인간 집단.

密	뜻과음: 빽빽할 **밀** 쓰는순서: 宀 宓 宓 宓 宓 宓 密 密					

接	뜻과음: 이을 **접** 쓰는순서: 扌 扩 扩 拧 拧 接 接					

密接(밀접) : 아주 가깝게 맞닿음. 썩 가까운 관계.

半	뜻과음: 반 **반** 쓰는순서: 丶 丷 半 半 半					

島	뜻과음: 섬 **도** 쓰는순서: 丿 亻 户 自 鸟 鸟 島 島					

半島(반도) : 삼 면이 바다에 둘러 쌓이고 한 면이 육지에 이어진 땅.

反	뜻과음: 돌이킬 **반** 쓰는순서: 一 厂 反 反					

省	뜻과음: 살필 **성** 쓰는순서: 丨 丨 小 少 少 省 省 省					

反省(반성) : 옳고 그름을 스스로 돌이켜 생각함.

發	뜻과음: 필 **발** 쓰는순서: 𡿨 𡿨 𣥂 𣥂 癶 癹 發 發					

露	뜻과음: 이슬 **로** 쓰는순서: 一 雨 雨 雷 雷 露 露 露					

發露(발로) : 마음속의 것이 겉으로 드러남.

訪	뜻과음: 찾을 **방** 쓰는 순서: 丶 亠 亍 言 言 訪 訪 訪	
問	뜻과음: 물을 **문** 쓰는 순서: 丨 冂 冂 冃 門 門 問 問	訪問(방문) : 남이나 단체 등을 찾아가 봄.
百	뜻과음: 일백 **백** 쓰는 순서: 一 丆 丆 百 百 百	
尺	뜻과음: 자 **척** 쓰는 순서: 丿 尸 尸 尺	百尺(백척) : 백 자(길이의 단위).
番	뜻과음: 차례 **번** 쓰는 순서: 丿 丷 爫 平 乑 番 番 番	
號	뜻과음: 부를 **호** 쓰는 순서: 丨 口 号 号 号 虓 號 號	番號(번호) : 차례를 나타내거나 식별하기 위해 붙이는 숫자.
伐	뜻과음: 칠 **벌** 쓰는 순서: 丿 亻 仁 代 伐 伐	
採	뜻과음: 캘 **채** 쓰는 순서: 扌 扌 扩 护 採 採 採 採	伐採(벌채) : 나무를 베어내고 섶을 깎아냄.
法	뜻과음: 법 **법** 쓰는 순서: 丶 冫 氵 氵 汁 法 法 法	
官	뜻과음: 벼슬 **관** 쓰는 순서: 丶 宀 宀 宁 官 官 官	法官(법관) : 사법권을 행사하여 재판을 맡아보는 공무원. 사법관.

漢字	뜻과 음	쓰는 순서
變	변할 변	言 緣 結 結 縊 縊 縊 變
更	고칠 경	一 厂 币 百 百 更 更

變更(변경) : 바꾸어 고침.

| 丙 | 남녘 병 | 一 丁 丆 丙 丙 |
| 寅 | 호랑이 인 | 丶 宀 宁 宙 宙 宙 寅 寅 |

丙寅(병인) : 육십자간의 셋째.

| 病 | 병들 병 | 亠 广 疒 疒 疒 病 病 病 |
| 患 | 근심 환 | 口 口 吕 吕 串 串 患 患 |

病患(병환) : 윗 사람의 병에 대한 높임 말.

| 報 | 갚을 보 | 十 土 圥 幸 幸 幸 報 報 |
| 告 | 고할 고 | 丿 匸 牛 生 告 告 告 |

報告(보고) : 어떤 임무에 대한 내용이나 결과를 글이나 말로 알림.

| 保 | 보전할 보 | 亻 亻 尸 俘 俘 俘 保 保 |
| 留 | 머물 류 | 丿 匸 闩 刟 印 留 留 留 |

保留(보류) : 결정 같은 것을 뒤로 미룸.

한자	뜻과 음	쓰는 순서
奉	받들 **봉**	一 二 三 丰 夫 表 奏 奉
仕	벼슬 **사**	ノ イ 仁 什 仕

奉仕(봉사) : 국가나 사회, 남을 위해 헌신적으로 일함.

한자	뜻과 음	쓰는 순서
浮	뜰 **부**	氵 氵 氵 浮 浮 浮
浪	물결 **랑**	氵 氵 氵 浐 浪 浪 浪

浮浪(부랑) : 이리저리 떠돌아 다님.

한자	뜻과 음	쓰는 순서
夫	사내 **부**	一 二 チ 夫
婦	아내 **부**	く 夂 女 妇 妇 婦 婦 婦

夫婦(부부) : 남편과 아내.

한자	뜻과 음	쓰는 순서
扶	도울 **부**	丨 扌 扌 护 扶 扶
養	기를 **양**	丷 ⺷ 羊 羊 養 養 養

扶養(부양) : 혼자 살 수 없는 사람의 생활을 돌봄.

한자	뜻과 음	쓰는 순서
部	떼 **부**	丶 亠 十 立 音 音 部 部
品	물건 **품**	丨 口 口 口 口 品 品 品

部品(부품) : 기계 등의 어떤 부분에 쓰이는 부속품.

한자	뜻과 음	쓰는 순서
北	북녘 **북**	ー ナ キ 北 北
韓	나라 **한**	十 古 草 草 草ʼ 草ʳ 韓 韓 韓

北韓(북한) : 휴전선 이북의 지역.

한자	뜻과 음	쓰는 순서
佛	부처 **불**	ノ 亻 亻ʼ 佛 佛 佛
經	다스릴 **경**	〈 幺 糸 糽 紗 經 經 經

佛經(불경) : 불교의 경전. 불전.

한자	뜻과 음	쓰는 순서
不	아니 **불**	一 ア 不 不
良	어질 **량**	ゝ ㄱ ㅋ ㅋ 白 白 良

不良(불량) : 좋지 않음.

한자	뜻과 음	쓰는 순서
朋	벗 **붕**	ノ 刀 月 月 朋 朋
友	벗 **우**	一 ナ 方 友

朋友(붕우) : 벗. 가깝게 지내는 친구.

한자	뜻과 음	쓰는 순서
比	견줄 **비**	一 ヒ ヒʼ 比
例	법식 **례**	亻 亻ʼ 例 例 例

比例(비례) : 예를 들어 비교함.
두 양의 비가 같음.

備	뜻과음: 갖출 **비** 쓰는순서: 亻 亻 伊 伊 佈 偌 備				

忘	뜻과음: 잊을 **망** 쓰는순서: 亠 亡 忘 忘 忘 忘				

備忘(비망) : 잊지 않기 위해 대비함.

悲	뜻과음: 슬플 **비** 쓰는순서: 丿 丿 丬 刂 非 非 悲 悲				

鳴	뜻과음: 울 **명** 쓰는순서: 口 口 叮 叮 咱 唱 鳴 鳴				

悲鳴(비명) : 위험이나 공포, 놀라움을 느낄 때 외치는 소리.

非	뜻과음: 아닐 **비** 쓰는순서: 丿 丿 丬 刂 非 非 非				

凡	뜻과음: 무릇 **범** 쓰는순서: 丿 几 凡				

非凡(비범) : 매우 뛰어남. 평범하지 않고 탁월함.

飛	뜻과음: 날 **비** 쓰는순서: 乙 乙 飞 飞 飞 飛 飛 飛				

上	뜻과음: 윗 **상** 쓰는순서: 丨 卜 上				

飛上(비상) : 날아 오름. 치솟아 오름.

鼻	뜻과음: 코 **비** 쓰는순서: 丿 白 鳥 畠 鼻 鼻 鼻				

音	뜻과음: 소리 **음** 쓰는순서: 亠 立 产 音 音 音 音				

鼻音(비음) : 콧소리.

한자	뜻과 음	쓰는 순서
貧	가난할 빈	ノ 八 分 分 分 貧 貧 貧
村	마을 촌	一 十 才 木 木 村 村

貧村(빈촌) : 가난한 사람들이 사는 마을.

한자	뜻과 음	쓰는 순서
氷	얼음 빙	]] 키 氺 氷
河	물 하	丶 冫 氵 汀 河 河 河

氷河(빙하) : 만년설이 얼음이 되어 낮은 곳으로 흘러 내려 만든 얼음바다.

한자	뜻과 음	쓰는 순서
思	생각 사	丨 冂 田 田 田 思 思
考	생각할 고	一 十 土 耂 考 考

思考(사고) : 생각하고 궁리함.

한자	뜻과 음	쓰는 순서
舍	집 사	ノ 八 へ 合 今 舍 舍 舍
叔	아재비 숙	丨 卜 上 才 井 未 叔 叔

舍叔(사숙) : 자신의 삼촌을 남에게 이르는 말.

한자	뜻과 음	쓰는 순서
使	부릴 사	ノ 亻 亻 𠂉 𠂉 佢 伊 使
用	쓸 용	) 刀 月 月 用

使用(사용) : 물건 등을 씀. 사람을 부림.

謝罪(사죄) : 지은 죄에 대해 용서를 빎.

査察(사찰) : 조사하여 살핌.

四千(사천) : 천의 네 갑절.

寺塔(사탑) : 절이나 사원에 있는 탑.

死活(사활) : 죽느냐 사느냐의 갈림길. 죽음과 삶. 성공과 실패.

漢字	뜻과 음	쓰는 순서
殺	죽일 살	⺄ 千 乎 乎 乎 乎 殺 殺
傷	상할 상	亻 亻 伫 伫 俜 傷 傷 傷

殺傷(살상) : 죽이거나 상처를 입힘.

漢字	뜻과 음	쓰는 순서
三	석 삼	一 二 三
杯	잔 배	一 十 木 木 村 杯 杯

三杯(삼배) : 술 석 잔. 세 잔의 술.

漢字	뜻과 음	쓰는 순서
上	윗 상	丨 卜 上
京	서울 경	亠 亠 古 亨 亨 京 京

上京(상경) : 시골에서 서울로 올라옴.

漢字	뜻과 음	쓰는 순서
相	서로 상	一 十 才 木 机 机 相 相
逢	만날 봉	一 二 三 丰 夫 夆 夆 奉

相逢(상봉) : 서로 만남.

漢字	뜻과 음	쓰는 순서
常	항상 상	丶 丷 屮 㳄 常 常 常 常
識	알 식	言 言 言 計 評 識 識 識

常識(상식) : 당연히 알아야 할 일반적이고 평범한 지식.

| 商 | 뜻과 음 | 장사 **상** |
| | 쓰는 순서 | 亠 亠 产 产 肉 商 商 |

| 店 | 뜻과 음 | 가게 **점** |
| | 쓰는 순서 | 亠 广 广 广 庀 店 店 |

商店(상점) : 물건을 파는 가게.

| 尙 | 뜻과 음 | 오히려 **상** |
| | 쓰는 순서 | 丨 丬 小 尙 尙 尙 |

| 存 | 뜻과 음 | 있을 **존** |
| | 쓰는 순서 | 一 ナ 才 存 存 存 |

尙存(상존) : 아직 그대로 있음.

| 喪 | 뜻과 음 | 죽을 **상** |
| | 쓰는 순서 | 十 吐 吅 吅 乖 喪 喪 |

| 主 | 뜻과 음 | 주인 **주** |
| | 쓰는 순서 | 丶 亠 十 丰 主 |

喪主(상주) : 맏아들로서의 상제. 주장되는 상제.

| 生 | 뜻과 음 | 날 **생** |
| | 쓰는 순서 | 丿 一 牛 生 生 |

| 産 | 뜻과 음 | 낳을 **산** |
| | 쓰는 순서 | 亠 亠 立 产 产 产 産 産 |

生産(생산) : 인공적으로 재화 또는 식품 등을 만들어 내는 일.

| 書 | 뜻과 음 | 글 **서** |
| | 쓰는 순서 | 一 ㄱ 中 肀 聿 聿 書 書 |

| 記 | 뜻과 음 | 적을 **기** |
| | 쓰는 순서 | 一 亠 言 言 記 記 記 |

書記(서기) : 문서를 관리하거나 기록을 맡아보는 사람.

惜敗(석패) : 조금의 차이로 아깝게 짐.

選擧(선거) : 적당한 사람을 대표로 선출함.

善惡(선악) : 착함과 악함.

仙藥(선약) : 효험이 뛰어난 약.

先進(선진) : 발전의 단계, 진보의 정도가 앞서거나 앞서는 일.

鮮	뜻과음: 고울 **선** 쓰는순서: ⺈ ⺈ ⺈ 魚 魚 魚 魠 鮮 鮮
血	뜻과음: 피 **혈** 쓰는순서: ⺈ ⺈ 𠂉 血 血 血

鮮血(선혈) : 생생한 피. 신선한 피.

雪	뜻과음: 눈 **설** 쓰는순서: 一 ⼍ 币 雨 雨 雪 雪 雪
霜	뜻과음: 서리 **상** 쓰는순서: 一 币 币 雨 雨 雨 霜 霜 霜

雪霜(설상) : 눈과 서리.

聖	뜻과음: 성스러울 **성** 쓰는순서: 一 卞 耳 耳 耴 聖 聖 聖
句	뜻과음: 글 **구** 쓰는순서: ⺈ ⺈ 勹 句 句

聖句(성구) : 성서의 구절.

姓	뜻과음: 성 **성** 쓰는순서: ⺄ ⼂ 女 女 女 姓 姓 姓
氏	뜻과음: 성 **씨** 쓰는순서: ⺈ ⺄ 𠂉 氏

姓氏(성씨) : 성의 경칭. 사람의 이름 앞에 붙이는 성.

星	뜻과음: 별 **성** 쓰는순서: 口 日 日 甲 早 早 星 星
雲	뜻과음: 구름 **운** 쓰는순서: 一 币 币 雨 雨 雲 雲 雲

星雲(성운) : 구름처럼 엷게 보이는 천체들.

한자	뜻과 음	쓰는 순서
誠	정성 성	一 = 言 言 訂 訢 訢 誠 誠
意	뜻 의	二 中 立 产 音 音 音 意 意

誠意(성의) : 참되고 정성스런 뜻. 정성을 다하는 의욕.

한자	뜻과 음	쓰는 순서
世	온누리 세	一 十 丗 世
界	지경 계	口 日 田 田 甲 臾 畍 界

世界(세계) : 지구상의 모든 나라. 객관적 현상의 모든 범위.

한자	뜻과 음	쓰는 순서
洗	씻을 세	丶 冫 汀 汗 泮 洸 洗
禮	예절 례	千 示 礻 禰 禮 禮 禮

洗禮(세례) : 가톨릭에서 죄를 씻는 의식.

한자	뜻과 음	쓰는 순서
細	가늘 세	乙 幺 糸 糹 紉 細 細 細
柳	버들 류	一 十 木 木 杧 柳 柳 柳

細柳(세류) : 가지가 가늘고 긴 버들.

한자	뜻과 음	쓰는 순서
歲	해 세	一 止 产 产 产 芦 歲 歲
暮	저물 모	一 艹 芍 苩 莒 莫 暮 暮

歲暮(세모) : 세밑. 연말. 한 해의 마지막 무렵.

한자	뜻과 음	쓰는 순서
少	적을 소	⼃ ⼩ 小 少
量	헤아릴 량	口 日 旦 몸 昌 量 量 量

少量(소량) : 양적으로 적은 분량.

한자	뜻과 음	쓰는 순서
所	바 소	′ ⼁ ⼽ 戶 戶 所 所 所
聞	들을 문	⼁ ⼁ 門 門 門 門 聞 聞

所聞(소문) : 전하여 들리는 말.

한자	뜻과 음	쓰는 순서
素	흴 소	一 十 キ 主 丰 坴 素 素
朴	순박할 박	一 十 才 木 朴 朴

素朴(소박) : 꾸밈이나 거짓이 없이 수수함.
거짓없이 순수함.

한자	뜻과 음	쓰는 순서
消	꺼질 소	⼁ ⼁ ⼁ ⼁ 氵 消 消 消
盡	다할 진	⼀ ⼁ 丰 圭 聿 肀 書 盡

消盡(소진) : 점점 줄어들어 없어짐. 다 써서 없앰.

한자	뜻과 음	쓰는 순서
送	보낼 송	′ ⼈ ⼈ ⼆ 半 쏭 泛 送
年	해 년	′ ⼆ ⼆ 二 ⼆ 年

送年(송년) : 묵은 한 해를 보냄.

首	뜻과 음: 머리 **수**
	쓰는 순서: 丷 丷 丷 产 产 方 首 首

都	뜻과 음: 도읍 **도**
	쓰는 순서: 十 土 耂 尹 者 者 者 都 都

首都(수도) : 한 나라의 서울.

壽	뜻과 음: 목숨 **수**
	쓰는 순서: 一 十 吉 耂 喜 喜 壽 壽

福	뜻과 음: 복 **복**
	쓰는 순서: 亍 示 礻 礻 祠 福 福

壽福(수복) : 오래 살고 복을 누리는 일.

收	뜻과 음: 거둘 **수**
	쓰는 순서: 丨 丨 丬 收 收 收

拾	뜻과 음: 주울 **습**
	쓰는 순서: 丁 扌 扌 扒 扒 拾 拾

收拾(수습) : 흩어진 물건을 주워 거둠. 어지러운 사태를 가라앉힘.

雖	뜻과 음: 비록 **수**
	쓰는 순서: 口 吕 虽 虽 雖 雖 雖 雖

怨	뜻과 음: 원망할 **원**
	쓰는 순서: ノ ク タ 夗 夗 怨 怨 怨

雖怨(수원) : 비록 원수일지라도 라는 뜻의 한자구.

秀	뜻과 음: 빼어날 **수**
	쓰는 순서: 一 二 千 千 禾 禾 秀

才	뜻과 음: 재주 **재**
	쓰는 순서: 一 十 才

秀才(수재) : 뛰어난 재주. 미혼 남자를 높여 부르던 옛말.

漢字	뜻과 음	쓰는 순서
誰	누구 **수**	一 三 言 計 計 詳 誰
何	어찌 **하**	ノ 亻 亻 亻 何 何 何

誰何(수하) : 누구. 어두워서 알아보기 어려울 때 누구냐고 물어봄.

漢字	뜻과 음	쓰는 순서
宿	잘 **숙**	宀 宀 宁 宁 宿 宿 宿 宿
敵	원수 **적**	亠 𠂉 产 商 商 敵 敵 敵

宿敵(숙적) : 오래 된 원수지간. 적수.

漢字	뜻과 음	쓰는 순서
順	순할 **순**	ノ 川 川 川 順 順 順
序	차례 **서**	亠 广 广 序 序 序

順序(순서) : 정해놓거나 정한 차례.

漢字	뜻과 음	쓰는 순서
崇	높을 **숭**	ㅣ 山 山 出 出 岜 崇 崇
拜	절 **배**	亠 三 手 手 手 手 手 拜

崇拜(숭배) : 우러러 공경함. 종교적 대상을 우러러 믿음.

漢字	뜻과 음	쓰는 순서
乘	탈 **승**	二 千 千 乖 乖 乘
客	손님 **객**	丶 宀 宀 宀 灾 灾 客 客

乘客(승객) : 탈 것을 이용하는 손님.

承	뜻과 음: 이을 **승**
	쓰는 순서: 一 了 了 手 手 耳 承 承

認	뜻과 음: 인정할 **인**
	쓰는 순서: 亠 言 言 訂 訒 認 認 認

承認(승인) : 마땅하다고 인정함. 동의함. 들어줌.

時	뜻과 음: 때 **시**
	쓰는 순서: 冂 日 日´ 旪 昤 時 時

間	뜻과 음: 사이 **간**
	쓰는 순서: 丨 冂 冂´ 門 門 門 間 間

時間(시간) : 시각과 시각의 사이. 과거, 현재, 미래가 무한하게 연속되는 것.

市	뜻과 음: 저자 **시**
	쓰는 순서: 丶 亠 亣 市 市

郡	뜻과 음: 고을 **군**
	쓰는 순서: 一 フ ヨ 尹 君 君 郡 郡

市郡(시군) : 지방 행정 구역의 시와 군.

施	뜻과 음: 베풀 **시**
	쓰는 순서: 亠 亣 方 方 扩 扩 施 施

威	뜻과 음: 위엄 **위**
	쓰는 순서: 丿 厂 厂 反 反 威 威 威

施威(시위) : 위엄을 베풀어 떨침.

始	뜻과 음: 비로소 **시**
	쓰는 순서: 乚 夕 女 女 如 如 始 始

初	뜻과 음: 처음 **초**
	쓰는 순서: 丶 丶 礻 衤 衤 初 初

始初(시초) : 맨 처음.

한자	뜻과 음	쓰는 순서
植	심을 식	十 木 朴 柿 枯 植 植 植
樹	나무 수	十 木 杜 桔 桔 桔 樹 樹

植樹(식수) : 나무를 심음, 또는 그 나무.

한자	뜻과 음	쓰는 순서
新	새 신	亠 ㅛ 立 辛 亲 新 新 新
綠	푸를 록	幺 糸 紅 紀 紀 絆 絆 綠

新綠(신록) : 늦봄이나 초여름의 초목이 띤 푸른빛.

한자	뜻과 음	쓰는 순서
辛	매울 신	亠 亠 立 立 辛
卯	토끼 묘	匸 乓 卯 卯

辛卯(신묘) : 육십갑자의 스물여덟 번째.

한자	뜻과 음	쓰는 순서
神	귀신 신	二 丁 亓 礻 衦 衦 袖 神
父	아비 부	丶 八 父 父

神父(신부) : 천주교에서 사제의 서품을 받은 성직자.

한자	뜻과 음	쓰는 순서
信	믿을 신	亻 亻 信 信 信 信 信
仰	우러를 앙	丿 亻 仁 化 仰

信仰(신앙) : 종교. 초자연적인 절대자를 믿고 받드는 일.

申	뜻과 음: 펼 신 쓰는 순서: 丨 冂 日 日 申	
請	뜻과 음: 청할 청 쓰는 순서: 二 言 言 計 詰 請 請 請	

申請(신청) : 신고하여 청구함. 어떤 사항을 청구함.

身	뜻과 음: 몸 신 쓰는 순서: 丿 イ 竹 自 自 身 身	
體	뜻과 음: 몸 체 쓰는 순서: 口 丹 骨 骨 骨豊 骨豊 體 體	

身體(신체) : 사람의 몸. 갓 죽은 시신의 존칭.

實	뜻과 음: 열매 실 쓰는 순서: 宀 宀 宀 安 實 實 實 實	
質	뜻과 음: 바탕 질 쓰는 순서: 丿 イ 斤 斤 竹 竹 質 質	

實質(실질) : 실체. 실상의 본질.

心	뜻과 음: 마음 심 쓰는 순서: 丶 心 心 心	
情	뜻과 음: 뜻 정 쓰는 순서: 丶 忄 忄 忄 情 情 情 情	

心情(심정) : 마음과 정. 생각과 감정.

深	뜻과 음: 깊을 심 쓰는 순서: 氵 氵 氵 泙 泙 深 深 深	
淺	뜻과 음: 얕을 천 쓰는 순서: 氵 氵 汁 淺 淺 淺 淺	

深淺(심천) : 물속 깊이의 깊음과 얕음.

한자	뜻과 음	쓰는 순서
顔	얼굴 안	亠亠產彥彥顏顏顏
色	빛 색	ノ ク 凸 各 刍 色

顔色(안색) : 얼굴 빛. 얼굴에 나타나는 기색.

한자	뜻과 음	쓰는 순서
安	편안할 안	丶丶宀宀安安
危	위태로울 위	ノ ケ 产 产 危 危

安危(안위) : 안전함과 위태함. 안정과 위기.

한자	뜻과 음	쓰는 순서
巖	바위 암	屵屵屵屵巖巖巖
石	돌 석	一 ア 不 石 石

巖石(암석) : 바윗돌. 부피가 큰 돌.

한자	뜻과 음	쓰는 순서
暗	어두울 암	冂日日日暗暗暗暗
黑	검을 흑	丨冂口四甲里黑黑

暗黑(암흑) : 어둡고 캄캄함. 암담하고 비참한 상태.

한자	뜻과 음	쓰는 순서
哀	슬플 애	亠亠亠言言哀哀
樂	즐거울 락	白 伯 始 樂 樂 樂 樂

哀樂(애락) : 슬픔과 즐거움.

漢字	뜻과 음	쓰는 순서
野	들 야	丨 冂 日 甲 里 野 野 野
球	공 구	一 T 王 玗 玗 玗 球 球

野球(야구) : 두 팀이 9인조로 옥외에서 하는 경기.

漢字	뜻과 음	쓰는 순서
洋	큰바다 양	丶 冫 冫 氵 洴 洋 洋 洋
弓	활 궁	一 コ 弓

洋弓(양궁) : 서양식 활. 서양식 활로 쏘아 표적을 맞추는 경기.

漢字	뜻과 음	쓰는 순서
兩	두 양	一 冂 币 兩 兩
端	끝 단	亠 立 圵 圵 圵 圵 端 端

兩端(양단) : 두 끝. 처음과 끝.

漢字	뜻과 음	쓰는 순서
羊	양 양	丶 丷 䒑 䒑 羊 羊
毛	털 모	丿 一 二 毛

羊毛(양모) : 양의 털.

漢字	뜻과 음	쓰는 순서
讓	사양할 양	㇔ 言 訁 謃 謃 譲 譲 讓
受	받을 수	丿 爫 爫 冖 冖 乑 受 受

讓受(양수) : 타인의 권리, 재산, 법률상의 지위 등을 양도받는 일.

한자	뜻과 음	쓰는 순서
語	말씀 어	丶亠言訂訝語語語
尾	끝 미	フ尸尾尾
漁	고기잡을 어	氵氵氵氵渔渔渔漁
船	배 선	丿丹舟舟舡船船
於	어조사 어	一亠方方扵於
焉	어찌 언	丁正正焉焉焉
魚	물고기 어	丿ク夕冎角角魚
貝	조개 패	冂目目貝貝
億	억 억	亻亻俨倍倍億億
兆	억조 조	丿ヲ兆兆

語尾(어미) : 용언의 어간 뒤에 붙어 여러 가지로 활용되는 부분.

漁船(어선) : 고깃배. 고기잡이를 하는 배.

於焉(어언) : '어언간' 의 준말.

魚貝(어패) : 생선과 조개.

億兆(억조) : 억과 조. 셀 수 없을 만큼 많음.

한자	뜻과 음	쓰는 순서
嚴	엄할 엄	᾿ ᾿᾿ ᾿᾿᾿ 严 严 嚴 嚴 嚴
守	지킬 수	᾿ ᾿᾿ 宀 宁 守 守

嚴守(엄수) : 엄격하게 지킴.

한자	뜻과 음	쓰는 순서
如	같을 여	ㄑ 夂 女 如 如 如
干	방패 간	一 二 干

如干(여간) : 주로 부정의 말 앞에서 긍정을 표현하는 말.

한자	뜻과 음	쓰는 순서
與	줄 여	᾿ ᾿᾿ ᾿᾿᾿ 的 的 與 與 與
否	아닐 부	一 フ 不 不 否 否

與否(여부) : 그러함과 그렇지 않음. 틀리거나 의심할 여지.

한자	뜻과 음	쓰는 순서
余	나 여	人 人 스 스 余 余
吾	나 오	一 五 五 吾 吾 吾

余吾(여오) : '나'를 가리키는 글자. '余等' '吾等' 과 같이 쓰임.

한자	뜻과 음	쓰는 순서
汝	너 여	᾿ ᾿᾿ 氵 汝 汝
矣	어조사 의	᾿ ᾿᾿ 스 스 矣 矣

汝矣(여의) : 어휘는 아니지만 여의도(汝矣島)의 지명에 사용.

旅	뜻과 음	나그네 여
	쓰는 순서	亠 方 方 方 方 旅 旅

行	뜻과 음	다닐 행
	쓰는 순서	丿 彳 彳 行 行 行

旅行(여행) : 다른 고장이나 다른 나라를 돌아다님.

餘	뜻과 음	남을 여
	쓰는 순서	人 今 今 食 食 飠 餘 餘

香	뜻과 음	향기 향
	쓰는 순서	一 二 千 禾 禾 香 香 香

餘香(여향) : 남아 있는 향기.

歷	뜻과 음	지낼 역
	쓰는 순서	厂 厈 厤 厤 厤 歷 歷

史	뜻과 음	역사 사
	쓰는 순서	丿 口 口 史 史

歷史(역사) : 흥망과 변천의 과정, 또는 그 기록.

亦	뜻과 음	또 역
	쓰는 순서	亠 广 六 亦 亦

是	뜻과 음	이 시
	쓰는 순서	口 日 日 旦 早 早 昰 是

亦是(역시) : 또한. 전에 생각한 대로. 전과 마찬가지로.

連	뜻과 음	이을 연
	쓰는 순서	一 百 百 車 連 連 連

續	뜻과 음	잇닿을 속
	쓰는 순서	幺 糸 糸 綪 綪 續 續

連續(연속) : 어떤 진행이 끊이지 않고 이어짐.

한자	뜻과 음	쓰는 순서
研	갈 연	一 T ア 石 石 石 矽 研
修	닦을 수	丿 亻 亻 亻 仈 攸 攸 修 修

研修(연수) : 학문 등을 연구하고 닦음.

한자	뜻과 음	쓰는 순서
練	익힐 련	幺 幺 糸 糽 絧 絧 練
習	익힐 습	기 키 키키 키키 키키 習 習 習

練習(연습) : 되풀이해서 익힘.

한자	뜻과 음	쓰는 순서
煙	연기 연	丶 丆 火 灯 炬 炬 煙
草	풀 초	一 艹 丱 芇 苩 苩 草

煙草(연초) : 담배.

한자	뜻과 음	쓰는 순서
熱	더울 열	十 土 夫 幸 刲 刲 勎 勎 熱
烈	매울 렬	一 厂 歹 列 列 烈

熱烈(열렬) : 열로 인하여 광물 따위가 갈라짐.

한자	뜻과 음	쓰는 순서
炎	불꽃 염	丶 火 火 炎
涼	서늘할 량	丶 冫 冫 冫 冫 涼 涼

炎涼(염량) : 더위와 서늘함.
　　　　　　선악과 시비를 분별하는 슬기.

英	뜻과 음: 꽃부리 **영** 쓰는 순서: 一 十 十 廿 芇 英 英	
雄	뜻과 음: 수컷 **웅** 쓰는 순서: 一 ナ 左 左 左 扩 雄 雄	英雄(영웅): 특별하게 뛰어나서 큰일을 해낼 사람.
永	뜻과 음: 길 **영** 쓰는 순서: 丶 ヺ 尹 永 永	
遠	뜻과 음: 멀 **원** 쓰는 순서: 土 吉 吉 吉 袁 袁 遠 遠	永遠(영원): 한없이 오래 계속됨. 시간을 초월해서 존재함.
五	뜻과 음: 다섯 **오** 쓰는 순서: 一 丅 五 五	
倫	뜻과 음: 인륜 **륜** 쓰는 순서: 亻 亻 仒 伶 倫	五倫(오륜): 인간이 마땅히 지켜야 할 다섯 가지 도리.
烏	뜻과 음: 까마귀 **오** 쓰는 순서: 丶 广 广 户 户 烏 烏	
鳥	뜻과 음: 새 **조** 쓰는 순서: 丶 广 广 户 户 鳥 鳥	烏鳥(오조): 까마귀와 새를 구별하는 한자어.
誤	뜻과 음: 그릇될 **오** 쓰는 순서: 亠 言 言 訂 誤 誤 誤	
判	뜻과 음: 판단할 **판** 쓰는 순서: 丶 ヽ 乊 半 判 判	誤判(오판): 잘못된 판단. 경기 등에서 틀린 판정.

한자	뜻과 음	쓰는 순서
玉	구슬 옥	一 T 干 王 玉
篇	책 편	` `` `` 竺 竺 笃 笃 篇

玉篇(옥편) : 자전. 많은 한자를 모아 낱낱이 그 뜻을 풀이한 책.

한자	뜻과 음	쓰는 순서
溫	따뜻할 온	氵 氵 氵 氵 沪 沪 溫 溫 溫
冷	찰 냉	丶 冫 冫 仒 伶 冷 冷

溫冷(온냉) : 따뜻함과 차가움.

한자	뜻과 음	쓰는 순서
瓦	기와 와	一 T 瓦 瓦
器	그릇 기	口 口 吅 吅 哭 哭 器 器

瓦器(와기) : 진흙으로 만들어 구운 그릇. 토기.

한자	뜻과 음	쓰는 순서
臥	누울 와	丨 厂 厂 臣 臣 臥
龍	용 룡	亠 立 ㅎ 音 咅 龍 龍 龍

臥龍(와룡) : 엎드려 있는 용. 초야에 묻혀 세상에 알려지지 않은 인물.

한자	뜻과 음	쓰는 순서
完	완전할 완	丶 丶 宀 宀 宇 完 完
全	온전할 전	丿 人 入 全 全 全

完全(완전) : 부족함이 없거나 결점이 없음.

한자	뜻과 음	쓰는 순서
王	임금 왕	一 丁 干 王
命	목숨 명	ノ 人 ㅅ 스 슈 合 命 命

王命(왕명) : 임금이 내린 명령.

한자	뜻과 음	쓰는 순서
要	중요할 요	一 厂 币 丙 两 要 要 要
領	거느릴 령	ㅅ 今 今 쇠 鈤 領 領 領

要領(요령) : 요긴하고 으뜸되는 줄거리.
적당히 넘기는 잔 꾀.

한자	뜻과 음	쓰는 순서
欲	바랄 욕	ㅅ 父 谷 谷 欲 欲
求	구할 구	一 十 ナ 才 求 求 求

欲求(욕구) : 무엇을 얻거나 어떤 일을 바라고 원함.

한자	뜻과 음	쓰는 순서
浴	목욕할 욕	ㆍ ㆍ ㆍ 浴 浴 浴 浴
湯	끓일 탕	ㆍ 汀 湡 湯 湯 湯

浴湯(욕탕) : 沐浴湯의 준말.

한자	뜻과 음	쓰는 순서
容	얼굴 용	ㆍ 宀 宀 宍 容 容 容
易	쉬울 이	1 口 日 日 尸 昜 昜 易

容易(용이) : 쉬움. 하기에 어렵지 않음.

尤	뜻과 음: 더욱 **우** 쓰는 순서: ノ 九 九 尤		
妙	뜻과 음: 묘할 **묘** 쓰는 순서: く く 女 如 如 妙 妙		尤妙(우묘) : 더욱 묘함. 더욱 신통함.
于	뜻과 음: 어조사 **우** 쓰는 순서: 一 二 于		
先	뜻과 음: 먼저 **선** 쓰는 순서: ノ ᅩ 屮 生 失 先		于先(우선) : 먼저. 아쉬운 대로. 그럭저럭.
憂	뜻과 음: 근심 **우** 쓰는 순서: 一 币 百 盾 盾 夢 憂		
愁	뜻과 음: 근심 **수** 쓰는 순서: 二 千 禾 禾' 秋 愁 愁		憂愁(우수) : 우울함과 수심. 근심.
友	뜻과 음: 벗 **우** 쓰는 순서: 一 ナ 方 友		
愛	뜻과 음: 사랑 **애** 쓰는 순서: 一 ぃ ㅛ 炏 炏 夢 夢 愛		友愛(우애) : 형제 사이의 사랑. 벗 사이의 정.
宇	뜻과 음: 집 **우** 쓰는 순서: 宀 宀 宇 宇		
宙	뜻과 음: 집 **주** 쓰는 순서: 宀 宀 宙 宙 宙		宇宙(우주) : 천지간에 만물을 감싸안는 공간.

牛	뜻과음: 소 우
	쓰는순서: ノ 亠 二 牛

皮	뜻과음: 가죽 피
	쓰는순서: ノ 厂 广 皮 皮

牛皮(우피) : 소의 가죽.

又	뜻과음: 또 우
	쓰는순서: フ 又

況	뜻과음: 하물며 황
	쓰는순서: 冫 冫 冫 沪 沪 沪 況

又況(우황) : '하물며'의 뜻을 가진 접속사.

云	뜻과음: 이를 운
	쓰는순서: 一 二 云

謂	뜻과음: 이를 위
	쓰는순서: 言 言 訁 謂 謂 謂

云謂(운위) : 일러 말함.

元	뜻과음: 으뜸 원
	쓰는순서: 一 二 テ 元

老	뜻과음: 늙을 노
	쓰는순서: 一 十 土 耂 老 老

元老(원로) : 벼슬과 덕망이 높은 공신. 어떤 일에 종사하여 경험과 공로가 많은 사람.

原	뜻과음: 근원 원
	쓰는순서: 一 厂 厂 厈 盾 原 原 原

料	뜻과음: 헤아릴 료
	쓰는순서: 冫 斗 米 米 料

原料(원료) : 바탕이 되는 재료.

圓	뜻과음: 둥글 **원**
	쓰는 순서: 丨 冂 冂 冃 買 貟 圓 圓

盤	뜻과음: 쟁반 **반**
	쓰는 순서: 丿 力 舟 舟 般 般 盤

圓盤(원반) : 원반던지기에 쓰는 운동 기구. 접시 모양의 둥글고 넓적한 그릇.

怨	뜻과음: 원망할 **원**
	쓰는 순서: 丿 夕 夕 夗 夗 怨 怨

恨	뜻과음: 원한 **한**
	쓰는 순서: 丶 忄 忄 忄 忄 恨 恨

怨恨(원한) : 원통하고 억울해서 마음속 깊이 맺힘.

月	뜻과음: 달 **월**
	쓰는 순서: 丿 冂 月 月

收	뜻과음: 거둘 **수**
	쓰는 순서: 丨 丨 丨 收 收

月收(월수) : 月收入의 준말. 본전에 이자를 얹어 다달이 갚는 빚.

偉	뜻과음: 훌륭할 **위**
	쓰는 순서: 亻 亻 亻 俨 偉 偉 偉

大	뜻과음: 큰 **대**
	쓰는 순서: 一 ナ 大

偉大(위대) : 능력이나 업적 등이 훌륭하고 뛰어남.

爲	뜻과음: 할 **위**
	쓰는 순서: 丶 厂 戶 戶 爲 爲 爲

人	뜻과음: 사람 **인**
	쓰는 순서: 丿 人

爲人(위인) : 사람의 됨됨이. 됨됨이로 본 그 사람.

한자	뜻과 음	쓰는 순서
有	있을 유	ノ ナ ナ 冇 有 有
名	이름 명	ノ ク タ タ 名 名

有名(유명) : 이름이 널리 알려짐. 이름이 높음.

한자	뜻과 음	쓰는 순서
遊	놀 유	ノ ケ 方 ゲ 坊 斿 游 遊
牧	기를 목	ノ ナ 十 牛 牜 牧 牧

遊牧(유목) : 가축을 가두지 않고 놓아 기르는 일.

한자	뜻과 음	쓰는 순서
幼	어릴 유	〃 幺 幻 幼
兒	아이 아	〈 F 夕 ダ 臼 兒 兒

幼兒(유아) : 어린아이.

한자	뜻과 음	쓰는 순서
猶	오히려 유	犭 犭 犭 狞 猶 猶
豫	미리 예	マ 予 予 孖 豫 豫 豫 豫

猶豫(유예) : 망설임. 결행하지 않음.
執行猶豫의 준말.

한자	뜻과 음	쓰는 순서
唯	오직 유	口 叮 叫 吖 唯 唯
一	한 일	一

唯一(유일) : 오직 그것 하나.

한자	뜻과 음	쓰는 순서
遺	끼칠 유	口中虫虫患貴遺遺
作	지을 작	ノ亻亻⺅竹作作

遺作(유작) : 살아 있을 때 발표하지 않고 남겨논 작품.

| 柔 | 부드러울 유 | フ又矛柔柔柔柔 |
| 和 | 화목할 화 | 一千千禾和和和 |

柔和(유화) : 부드럽고 온화함.

| 六 | 여섯 육 | 、一六六 |
| 甲 | 갑옷 갑 | 丨冂日甲 |

六甲(육갑) : 六十甲子의 준말. 남의 언행을 얕잡아 비웃는 말.

| 陸 | 뭍 육 | 阝阝阡阡阡陸陸 |
| 地 | 땅 지 | 一十土圤地地 |

陸地(육지) : 물에 잠기지 않은 지구의 표면으로 섬에 상대하여 대륙과 이어진 땅.

| 銀 | 은 은 | 人ㅅ乍金鈩鈩鈕銀 |
| 賞 | 상줄 상 | 丷严严严常常賞 |

銀賞(은상) : 상의 등급 중에서 금상(金賞)의 다음.

한자	뜻과 음	쓰는 순서
隱	숨을 **은**	⻖ ⻖ ⻖ 陷 隔 隱 隱
退	물러날 **퇴**	丨 ㄱ ㅌ 艮 艮 退 退

隱退(은퇴): 자리에서 물러나거나 사회활동에서 손을 뗌.

한자	뜻과 음	쓰는 순서
恩	은혜 **은**	冂 月 团 因 因 恩 恩
惠	은혜 **혜**	一 二 車 車 車 惠 惠

恩惠(은혜): 고맙게 베푸는 혜택. 신이 인간에게 베푸는 사랑.

한자	뜻과 음	쓰는 순서
乙	새 **을**	ㄱ 乙
巳	뱀 **사**	ㄱ ㄱ 巳

乙巳(을사): 시육십갑자의 마흔두 번째.

한자	뜻과 음	쓰는 순서
音	소리 **음**	二 ㅜ 立 音 音 音
律	법 **률**	ノ ㄱ ㅓ 彳 彳 律 律 律

音律(음률): 소리, 음악 따위의 가락. 오음과 육률.

한자	뜻과 음	쓰는 순서
吟	읊을 **음**	口 口 吟 吟 吟
誦	외울 **송**	亠 言 訂 訊 誦 誦

吟誦(음송): 시가 따위를 소리내어 읽음. 책을 소리내어 읽음.

한자	뜻과 음	쓰는 순서
邑	고을 **읍**	丨 口 口 豆 艮 邑
面	낯 **면**	一 丆 币 币 面 面

邑面(읍면) : 지방 행정 구역인 읍과 면.

한자	뜻과 음	쓰는 순서
泣	울 **읍**	丶 氵 汁 沽 泣
訴	하소연할 **소**	亠 言 訂 訴 訴

泣訴(읍소) : 눈물을 흘리면서 간절히 호소함.

한자	뜻과 음	쓰는 순서
應	응할 **응**	一 广 庐 庐 庶 雁 應 應
試	시험할 **시**	亠 言 言 訂 試 試

應試(응시) : 학업, 채용, 자격 고시 따위의 시험에 응함.

한자	뜻과 음	쓰는 순서
依	의지할 **의**	丿 亻 亽 产 佐 依 依
賴	의뢰할 **뢰**	曰 申 束 剌 軔 賴 賴 賴

依賴(의뢰) : 남에게 의지함. 남에게 부탁함.

한자	뜻과 음	쓰는 순서
義	옳을 **의**	丷 尹 羊 差 羞 義 義
兵	병사 **병**	丿 丶 厂 斤 丘 兵 兵

義兵(의병) : 외적을 물리치기 위해 자발적으로 백성이 조직한 군인.

衣	뜻과음 옷 의 쓰는순서 `丶 亠 亠 产 衣 衣`						
服	뜻과음 옷 복 쓰는순서 `丿 冂 月 月 肝 胪 服 服`						

衣服(의복) : 몸에 입는 옷의 총칭.

醫	뜻과음 의원 의 쓰는순서 `一 ラ 医 医 殹 殹 醫 醫`						
師	뜻과음 스승 사 쓰는순서 `丿 亻 亻 亻 自 自 師 師`						

醫師(의사) : 병을 치료하는 것을 생업으로 하는 사람.

以	뜻과음 써 이 쓰는순서 `丨 以 以 以 以`						
南	뜻과음 남녘 남 쓰는순서 `一 十 十 内 内 内 南 南`						

以南(이남) : 북위 38선 또는 휴전선의 남쪽.

耳	뜻과음 귀 이 쓰는순서 `一 丁 丌 F 耳 耳`						
目	뜻과음 눈 목 쓰는순서 `丨 冂 月 目 目`						

耳目(이목) : 눈과 귀. 남들의 주의나 관심.

已	뜻과음 이미 이 쓰는순서 `フ コ 已`						
往	뜻과음 갈 왕 쓰는순서 `丿 亻 彳 扩 泎 往 往`						

已往(이왕) : 이전. 이제보다 전. 이왕에의 준말.

한자	뜻과 음	쓰는 순서
理	다스릴 이	丁 F 玎 珒 珒 珒 理 理
由	말미암을 유	丨 冂 闩 由 由

理由(이유) : 까닭. 사유. 구실이나 변명.

한자	뜻과 음	쓰는 순서
李	오얏 이	一 十 才 木 本 李 李
朝	아침 조	十 古 肯 直 卓 朝 朝

李朝(이조) : '조선왕조'를 일본인이 얕잡아 부른 말.

한자	뜻과 음	쓰는 순서
二	두 이	一 二
七	일곱 칠	一 七

二七(이칠) : 숫자 2와 7의 한자.

한자	뜻과 음	쓰는 순서
忍	참을 인	丁 刀 刃 忍 忍
耐	견딜 내	丁 厂 而 而 耐 耐

忍耐(인내) : 참고 견딤. 참고 견디는 일.

한자	뜻과 음	쓰는 순서
印	도장 인	ノ ィ F E 印 印
稅	세금 세	二 千 千 禾 秒 秒 税 税

印稅(인세) : '인지세'의 준말. 저자가 일정한 비율로 출판사에서 받는 돈.

한자	뜻과 음	쓰는 순서
引	끌 인	ㄱ ㄱ 弓 引
揚	오를 양	扌 扌 护 押 挧 揚 揚

引揚(인양) : 끌어 올리거나 건짐.

한자	뜻과 음	쓰는 순서
仁	어질 인	ノ イ 仁 仁
慈	사랑 자	丷 ソ 茲 茲 慈 慈

仁慈(인자) : 어질고 자애로움.

한자	뜻과 음	쓰는 순서
壬	천간 임	ノ 二 千 壬
辰	별 진	一 厂 戶 戶 辰 辰

壬辰(임진) : 육십갑자의 스물아홉 번째.

한자	뜻과 음	쓰는 순서
立	설 립	丶 亠 广 立 立
席	자리 석	一 广 广 产 庐 庐 席 席

立席(입석) : 탈것의 서서 가는 자리. 서서 구경하는 자리.

한자	뜻과 음	쓰는 순서
入	들 입	ノ 入
手	손 수	ノ 二 三 手

入手(입수) : 손에 들어옴. 손에 넣음.

한자	뜻과 음	쓰는 순서
自	스스로 자	′ 亻 冂 冃 自 自
己	몸 기	ㄱ ㄱ 己

自己(자기) : 그 사람 자신. 어떤 사람을 가리켜 하는 말. 사랑하는 이성을 지칭함.

한자	뜻과 음	쓰는 순서
姉	맏누이 자	く y 女 女 妒 姉
妹	누이 매	く y 女 女 妒 奸 妹 妹

姉妹(자매) : 여자 형제 끼리의 동기. 같은 계통의 둘 이상의 밀접한 관계.

한자	뜻과 음	쓰는 순서
昨	어제 작	冂 月 日 日′ 旷 昨 昨
今	이제 금	ノ 入 今 今

昨今(작금) : 어제와 오늘. 요즈음. 근래.

한자	뜻과 음	쓰는 순서
將	장수 장	丨 丬 丬 丬 丬⁄ 丬⁄ 將 將
軍	군사 군	冖 冖 冖 冖 冃 冒 宣 軍

將軍(장군) : 군을 통솔, 지휘하는 무관. 장기놀이에서 부르는 말.

한자	뜻과 음	쓰는 순서
壯	씩씩할 장	丨 丬 丬 丬 丬一 丬一 壯
丁	고무래 정	一 丁

壯丁(장정) : 장년의 남자. 혈기왕성한 젊은 남자.

栽	뜻과 음: 심을 **재** 쓰는 순서: 十 耂 耂 耒 栽 栽 栽	
培	뜻과 음: 북돋을 **배** 쓰는 순서: 十 土 圫 圬 垃 培 培	

栽培(재배) : 식물을 심어서 기름.

再	뜻과 음: 두 **재** 쓰는 순서: 一 厂 冂 币 再 再	
次	뜻과 음: 버금 **차** 쓰는 순서: 冫 冫 冫 次 次 次	

再次(재차) : 두 번째. 거듭. 재도전. 재시도.

財	뜻과 음: 재물 **재** 쓰는 순서: 冂 冂 目 目 貝 貝 財 財	
貨	뜻과 음: 재물 **화** 쓰는 순서: 丿 亻 亻 化 化 作 貨 貨	

財貨(재화) : 돈이나 값나가는 물건.

著	뜻과 음: 나타날 **저** 쓰는 순서: 艹 艹 艹 荖 荖 著 著	
述	뜻과 음: 지을 **술** 쓰는 순서: 十 木 朮 朮 沭 述	

著述(저술) : 글을 지어서 책을 만듦.

貯	뜻과 음: 쌓을 **저** 쓰는 순서: 丨 冂 冃 目 貝 貝 貯 貯	
蓄	뜻과 음: 쌓을 **축** 쓰는 순서: 艹 艹 艹 茓 蓄 蓄 蓄	

貯蓄(저축) : 절약하여 모음. 소득 중 소비하지 않은 부분.

赤	뜻과음: 붉을 **적** 쓰는순서: 一 十 土 耂 赤 赤 赤	
字	뜻과음: 글자 **자** 쓰는순서: 丶 丷 宀 宀 字 字	

赤字(적자) : 붉은 글씨. 수입보다 지출이 많음.

田	뜻과음: 밭 **전** 쓰는순서: 丨 冂 冊 田 田	
畓	뜻과음: 논 **답** 쓰는순서: 丨 丆 水 沓 沓 畓	

田畓(전답) : 논과 밭.

展	뜻과음: 펼 **전** 쓰는순서: 丆 尸 尸 屈 屈 屏 展 展	
示	뜻과음: 보일 **시** 쓰는순서: 一 二 亍 示 示	

展示(전시) : 펴서 봄. 여러 사람에게 보임.

戰	뜻과음: 싸움 **전** 쓰는순서: 吅 吅 胃 單 單 戰 戰 戰	
爭	뜻과음: 다툼 **쟁** 쓰는순서: 丶 丶 丶 爫 爭 爭 爭	

戰爭(전쟁) : 무력이나 세력으로 다툼.

傳	뜻과음: 전할 **전** 쓰는순서: 亻 亻 仁 佢 俥 俥 傳 傳	
統	뜻과음: 거느릴 **통** 쓰는순서: 乚 乡 糸 紁 統 統 統 統	

傳統(전통) : 전해 내려오는 사상, 관습, 행동 등의 양식.

前	뜻과음: 앞 **전**
	쓰는 순서: 丷 䒑 广 前 前 前 前

後	뜻과음: 뒤 **후**
	쓰는 순서: ㇓ 彳 彳 衤 袢 袑 後 後

前後(전후) : 앞과 뒤. 처음과 마지막. 앞뒤.

絕	뜻과음: 끊을 **절**
	쓰는 순서: 丿 幺 糸 糽 紒 絕 絕

好	뜻과음: 좋을 **호**
	쓰는 순서: ㇛ 夊 女 女 妇 好

絕好(절호) : 시기, 기회 등이 더 없이 좋음.

貞	뜻과음: 곧을 **정**
	쓰는 순서: 卜 片 肯 貞 貞 貞

淑	뜻과음: 맑을 **숙**
	쓰는 순서: 氵 汁 汁 沭 沭 淑 淑

貞淑(정숙) : 행실이 곱고 마음씨가 맑음.

正	뜻과음: 바를 **정**
	쓰는 순서: 一 丅 下 正 正

午	뜻과음: 낮 **오**
	쓰는 순서: 丿 ㇒ 二 午

正午(정오) : 낮 열두 시.

庭	뜻과음: 뜰 **정**
	쓰는 순서: 丶 亠 广 庀 庄 庭 庭

園	뜻과음: 동산 **원**
	쓰는 순서: 丨 冂 門 周 周 園 園

庭園(정원) : 뜰이나 꽃밭 따위.

한자	뜻과 음	쓰는 순서
丁	천간 정	一丁
酉	닭 유	一丁丙酉

丁酉(정유) : 육십갑자의 서른네 번째.

한자	뜻과 음	쓰는 순서
井	우물 정	二 亍 井
底	밑 저	亠 广 产 庐 庆 底 底

井底(정저) : 우물의 밑바닥. 좁은 곳을 비유함.

한자	뜻과 음	쓰는 순서
靜	고요할 정	十 圭 青 青 青 靜 靜 靜
聽	들을 청	一 F 耳 耳 耵 聆 聽 聽

靜聽(정청) : 조용히 경청함.

한자	뜻과 음	쓰는 순서
政	정사 정	丁 下 正 正 政 政 政
治	다스릴 치	氵 氵 氵 治 治 治

政治(정치) : 영토와 국민을 통치함.

한자	뜻과 음	쓰는 순서
淨	깨끗할 정	氵 氵 氵 淨 淨
化	될 화	丿 亻 仁 化

淨化(정화) : 불순하거나 더러운 것을 깨끗하게 함.

한자	뜻과 음	쓰는 순서
精	정할 **정**	ﾞ 丷 米 米ﾞ 精 精 精
華	빛날 **화**	一 十 世 苹 苹 荅 荅 華

精華(정화) : 깨끗하고 아주 순수한 부분. 중심이 될 만한 뛰어난 부분.

한자	뜻과 음	쓰는 순서
除	덜 **제**	ﾞ ﾞ ﾞ 陊 陊 除 除
去	갈 **거**	一 十 土 去 去

除去(제거) : 방해자, 불순물 등을 없앰.

한자	뜻과 음	쓰는 순서
諸	모두 **제**	ﾞ ﾞ 言 計 詝 詝 諸 諸
君	임금 **군**	ﾞ ﾞ ﾞ 尹 尹 君 君

諸君(제군) : 여러분. 손아랫 사람이나 부하에게 주로 쓰임.

한자	뜻과 음	쓰는 순서
第	차례 **제**	ﾞ ﾞ 丷 竺 竺 笃 笃 第
一	한 **일**	一

第一(제일) : 가장 탁월하거나 첫째감. 가장.

한자	뜻과 음	쓰는 순서
祭	제사 **제**	ﾞ タ ﾞ 奴 奴 祭 祭 祭
典	법 **전**	一 冂 冂 曲 曲 典 典

祭典(제전) : 제사의 의식. 성대한 대회나 행사.

한자	뜻과 음	쓰는 순서
製	지을 제	一 느 午 制 制 製 製 製
造	지을 조	ノ 十 牛 牛 告 告 浩 造

製造(제조) : 대량으로 물품을 만듦. 원료에 인공을 가해 제품을 만듦.

한자	뜻과 음	쓰는 순서
調	고를 조	一 ニ 言 言 訓 調 調 調
停	머무를 정	ノ 亻 亻 广 仵 停 停 停

調停(조정) : 중간에서 화해시킴.

한자	뜻과 음	쓰는 순서
早	일찍 조	丨 冂 日 日 旦 早
退	물러날 퇴	一 コ 尸 艮 艮 艮 退 退

早退(조퇴) : 정한 시각 이전에 일찍 물러감.

한자	뜻과 음	쓰는 순서
尊	높을 존	ノ ヽ 竹 첝 酋 酋 尊 尊
敬	공경 경	一 艹 艹 苟 苟 敬 敬

尊敬(존경) : 어떤 사람을 높이어 공경함.

한자	뜻과 음	쓰는 순서
卒	군사 졸	一 亠 亽 衣 太 卆 卒
業	일 업	丨 ㅛ ㅛ 丵 丵 丵 業 業

卒業(졸업) : 규정된 교과의 교육 과정을 다 마침.

從	뜻과음: 좇을 **종** 쓰는 순서: 彳 彳 彳 犷 衸 從 從 從					
事	뜻과음: 일 **사** 쓰는 순서: 一 亅 冂 冃 写 写 事 事					

從事(종사) : 어떤 일에 마음과 힘을 다함. 어떤 일을 업으로 삼아서 함.

宗	뜻과음: 마루 **종** 쓰는 순서: 宀 宀 宀 宇 宗 宗					
孫	뜻과음: 손자 **손** 쓰는 순서: 了 孑 孑 孖 孫 孫 孫 孫					

宗孫(종손) : 종가의 맏손자. 맏으로 이어온 문중의 맏손자.

終	뜻과음: 마칠 **종** 쓰는 순서: 幺 糸 糸 紒 紒 終 終					
日	뜻과음: 날 **일** 쓰는 순서: 丨 冂 日 日					

終日(종일) : 하루 낮 동안. 온 종일.

坐	뜻과음: 앉을 **좌** 쓰는 순서: 人 从 坐 坐 坐					
立	뜻과음: 설 **립** 쓰는 순서: 亠 丄 立 立 立					

坐立(좌립) : 앉아 있음과 서 있음.

左	뜻과음: 왼 **좌** 쓰는 순서: 一 ナ 左 左 左					
右	뜻과음: 오른 **우** 쓰는 순서: ノ ナ 右 右 右					

左右(좌우) : 왼쪽과 오른쪽. 좌익과 우익.

注	뜻과음: 물댈 **주** 쓰는 순서: 丶 氵 汀 汁 汁 注	
文	뜻과음: 글월 **문** 쓰는 순서: 丶 亠 ナ 文	注文(주문) : 어떤 상품을 맞추어 달라고 함.
晝	뜻과음: 낮 **주** 쓰는 순서: 一 ㄱ 彐 聿 書 書 書 晝	
夜	뜻과음: 밤 **야** 쓰는 순서: 亠 广 疒 夜 夜 夜	晝夜(주야) : 낮과 밤. 밤낮으로 늘 언제나.
住	뜻과음: 머무를 **주** 쓰는 순서: 丿 亻 亻 亻 住 住 住	
宅	뜻과음: 집 **택** 쓰는 순서: 丶 宀 宀 宅 宅	住宅(주택) : 사람이 사는 집.
走	뜻과음: 달릴 **주** 쓰는 순서: 一 十 土 + + 走 走	
破	뜻과음: 깨트릴 **파** 쓰는 순서: 厂 石 石 矶 矿 矿 破 破	走破(주파) : 정해진 거리를 쉬지 않고 끝까지 달림.
朱	뜻과음: 붉을 **주** 쓰는 순서: 丿 一 二 牛 朱 朱	
紅	뜻과음: 붉을 **홍** 쓰는 순서: 幺 幺 糸 糸 糽 紅 紅	朱紅(주홍) : '주홍빛, 주홍색'의 준말.

竹	뜻과음: 대 **죽**
	쓰는 순서: ノ 亻 亻 ⺮ ⺮ 竹

林	뜻과음: 수풀 **림**
	쓰는 순서: 一 十 オ 木 木 村 材 林

竹林(죽림) : 대나무 숲.

卽	뜻과음: 곧 **즉**
	쓰는 순서: 白 白 皀 皀 卽 卽

時	뜻과음: 때 **시**
	쓰는 순서: 冂 日 旷 旷 旿 時 時

卽時(즉시) : 곧. 바로 그때.

增	뜻과음: 더할 **증**
	쓰는 순서: 土 圠 圤 圽 圽 增 增

益	뜻과음: 더할 **익**
	쓰는 순서: ハ 八 ゕ 兴 伔 谷 益 益

增益(증익) : 더하여 늘거나 늘게함. 이윤, 이익이 늘어남.

曾	뜻과음: 거듭 **증**
	쓰는 순서: ハ 今 佘 曶 曾 曾

祖	뜻과음: 할아비 **조**
	쓰는 순서: 二 丁 亓 示 利 初 祖 祖

曾祖(증조) : '증조부'의 준말. 아버지의 할아버지.

證	뜻과음: 증거 **증**
	쓰는 순서: 言 訁 訁 訁 訞 訞 證 證

紙	뜻과음: 종이 **지**
	쓰는 순서: く 幺 幺 糸 糽 紅 紙 紙

證紙(증지) : 돈을 납부했거나 품질을 증명하는 서류나 물품에 붙이는 종이.

한자	뜻과 음	쓰는 순서
枝	가지 **지**	十 木 村 杉 枝
葉	잎 **엽**	艹 丱 丱 苎 苎 茞 茞 葉

枝葉(지엽) : 가지와 잎. 중요하지 않은 부분.

志	뜻 **지**	一 十 士 志 志 志 志
願	원할 **원**	一 厂 厃 匠 原 原 願 願

志願(지원) : 어떤 진로를 뜻하여 바람.

指	손가락 **지**	丨 亅 扌 扩 抒 指 指 指
章	글 **장**	亠 立 产 产 音 音 章 章

指章(지장) : 도장 대신 엄지손가락으로 찍는 손도장.

知	알 **지**	丿 仁 午 矢 知 知
的	과녁 **적**	丿 冂 白 白 的 的

知的(지적) : 지식이 있는 것. 지식에 관한 것.

支	지탱할 **지**	一 十 支 支
持	가질 **지**	丨 亅 扌 扩 扞 拦 持 持

支持(지지) : 붙들어 버팀. 주의, 정책 등에 찬동하여 원조함.

眞	뜻과음: 참 **진**
	쓰는순서: 一 ヒ 与 旨 直 直 眞 眞

筆	뜻과음: 붓 **필**
	쓰는순서: ノ 亠 ケ 竹 笁 竺 筀 筆

眞筆(진필) : 자기 자신이 직접 쓴 글씨. 친필(親筆).

執	뜻과음: 잡을 **집**
	쓰는순서: 十 キ 幸 幸 刲 執 執

念	뜻과음: 생각 **념**
	쓰는순서: ノ 入 스 今 今 念 念 念

執念(집념) : 한 가지 일에 매달려 정신을 쏟음, 또는 정신을 쏟는 마음이나 생각.

集	뜻과음: 모을 **집**
	쓰는순서: ノ イ ゲ 什 隹 隼 集

合	뜻과음: 합할 **합**
	쓰는순서: ノ 入 스 今 合 合

集合(집합) : 한 군데로 모음. 수학의 한 분야.

借	뜻과음: 빌릴 **차**
	쓰는순서: イ 化 件 供 借 借

用	뜻과음: 쓸 **용**
	쓰는순서: ノ 几 月 月 用

借用(차용) : 물건 등을 빌리거나 돈을 꾸어 씀.

車	뜻과음: 수레 **차**
	쓰는순서: 一 厂 冂 月 旨 亘 車

窓	뜻과음: 창 **창**
	쓰는순서: 宀 宀 宊 空 空 窓 窓

車窓(차창) : 탈것의 창문.

한자	뜻과 음	쓰는 순서
此	이 **차**	卜 止 此 此
後	뒤 **후**	ノ 彳 彳 彳 伃 伃 後 後

此後(차후) : 이 다음. 어떤 일이 있은 뒤.

한자	뜻과 음	쓰는 순서
參	참여할 **참**	ㄥ ㄥ ㄥ 쏘 쏘 叅 参 参
考	생각할 **고**	一 十 土 耂 耂 考

參考(참고) : 살펴 생각함. 살펴서 도움이 되는 재료로 삼음.

한자	뜻과 음	쓰는 순서
昌	창성할 **창**	丨 冂 日 日 昌 昌
盛	성할 **성**	丿 厂 厂 成 成 成 盛 盛

昌盛(창성) : 성하여 잘 되어감.

한자	뜻과 음	쓰는 순서
菜	채송화 **채**	一 𫝀 𫝀 平 采 采
松	소나무 **송**	一 十 才 木 木 松 松

菜松(채송) : 채송화.

한자	뜻과 음	쓰는 순서
冊	책 **책**	丨 冂 刀 冊 冊
床	평상 **상**	丶 一 广 广 庄 床 床

冊床(책상) : 책을 읽거나 글을 쓰는데 받치는 상.

한자	뜻과 음	쓰는 순서
責	꾸짖을 **책**	一 十 キ 圭 责 青 責 責
任	맡길 **임**	ノ 亻 亻 仁 仟 任

責任(책임) : 해야 할 임무나 의무. 어떤 일의 결과에 지는 부담.

한자	뜻과 음	쓰는 순서
妻	아내 **처**	一 ョ 글 妻 妻 妻 妻
男	사내 **남**	丨 冂 冂 田 田 男 男

妻男(처남) : 아내의 오빠나 남동생.

한자	뜻과 음	쓰는 순서
處	곳 **처**	丶 卜 广 户 虍 庐 處 處
遇	만날 **우**	口 日 月 禺 禺 禺 遇 遇

處遇(처우) : 조처해서 대우함. 조처하는 대우.

한자	뜻과 음	쓰는 순서
鐵	쇠 **철**	𠂉 釒 鈷 鉎 鋕 鐵 鐵 鐵
則	법칙 **칙**	丨 冂 月 目 貝 貝 則

鐵則(철칙) : 바꾸거나 어길 수 없는 규칙.

한자	뜻과 음	쓰는 순서
晴	갤 **청**	冂 日 日= 晴 晴 晴
天	하늘 **천**	一 二 チ 天

晴天(청천) : 맑게 갠 하늘.

清	뜻과음	맑을 **청**
	쓰는순서	氵 氵 汁 津 津 清 清 清

泉	뜻과음	샘 **천**
	쓰는순서	ノ 勹 白 白 帛 泉 泉

清泉(청천) : 맑은 샘.

招	뜻과음	부를 **초**
	쓰는순서	一 十 扌 扣 扣 招 招

待	뜻과음	기다릴 **대**
	쓰는순서	ノ 彳 彳 彳 往 待 待 待

招待(초대) : 사람을 불러 대접함. 강의, 강론 등을 위해 오게함.

寸	뜻과음	마디 **촌**
	쓰는순서	一 十 寸

陰	뜻과음	그늘 **음**
	쓰는순서	阝 阝 阶 阶 陰 陰 陰

寸陰(촌음) : 짧은 시간.

最	뜻과음	가장 **최**
	쓰는순서	口 曰 旦 旦 昌 昌 最 最

適	뜻과음	맞을 **적**
	쓰는순서	二 干 丙 商 商 商 適 適

最適(최적) : 가장 적당함.

追	뜻과음	쫓을 **추**
	쓰는순서	ノ 户 自 追 追 追

放	뜻과음	놓을 **방**
	쓰는순서	亠 方 方 方 放 放

追放(추방) : 쫓아내거나 몰아냄. 한 나라 밖으로 퇴거를 명함.

한자	뜻과 음	쓰는 순서
秋	가을 **추**	ノ 千 千 禾 禾 利 秒 秋
夕	저녁 **석**	ノ ク 夕

秋夕(추석) : 우리 명절 한가위로 음력 8월 15일.

한자	뜻과 음	쓰는 순서
推	밀 **추**	扌 扌 扩 扩 扩 扩 拌 推
移	옮길 **이**	ノ 千 千 禾 禾' 移 移 移

推移(추이) : 시간에 따라 변해가는 동태.

한자	뜻과 음	쓰는 순서
春	봄 **춘**	二 三 丰 夫 夫 春 春 春
夏	여름 **하**	一 丆 丙 百 百 頁 夏 夏

春夏(춘하) : 봄과 여름.

한자	뜻과 음	쓰는 순서
出	날 **출**	ㅣ 十 屮 出 出
土	흙 **토**	一 十 土

出土(출토) : 자원이나 유물을 땅속에서 파냄.
자원이나 유물 등이 땅속에서 나옴.

한자	뜻과 음	쓰는 순서
忠	충성 **충**	ㅣ 口 口 中 中 忠 忠 忠
臣	신하 **신**	一 厂 戶 臣 臣 臣

忠臣(충신) : 충성스러운 신하.

한자	뜻과 음	쓰는 순서
充	채울 충	丶 亠 亠 去 产 充
電	번개 전	一 一 戶 币 币 乕 雪 雪 電

充電(충전) : 축전지나 콘덴서 등에 전기 에너지를 축적함.

한자	뜻과 음	쓰는 순서
蟲	벌레 충	口 中 虫 虫 蚰 蚰 蟲 蟲
害	해칠 해	丶 宀 宀 宁 宝 宝 害 害

蟲害(충해) : 벌레로 인해 입은 피해.

한자	뜻과 음	쓰는 순서
就	이룰 취	亠 古 宁 京 京 就 就 就
職	벼슬 직	丆 F 耳 耳 耶 聍 職 職

就職(취직) : 직업, 직장을 얻음.

한자	뜻과 음	쓰는 순서
吹	불 취	口 吖 吹 吹
打	때릴 타	一 十 扌 扌 打

就打(취타) : 나팔, 호적 등을 불고 징, 북 등을 치는 군악.

한자	뜻과 음	쓰는 순서
取	취할 취	丆 F F 耳 耳 取 取
下	아래 하	一 丅 下

取下(취하) : 계약되었던 것 등을 철회함.

한자	뜻과 음	쓰는 순서
齒	이 치	ㅏ ㅑ 뉴 씀 쑴 齒 齒
痛	아플 통	亠 广 疒 疒 疒 痈 痈 痛

齒痛(치통) : 이가 아픈 증세. 이의 통증.

| 親 | 친할 친 | 亠 立 쇼 辛 亲 亲 新 親 |
| 舊 | 예 구 | ㅏ ㅕ 壮 萑 舊 舊 舊 舊 |

親舊(친구) : 오래 두고 가까이 사귀는 벗.

| 針 | 바늘 침 | ㅅ 쇼 쇼 숲 金 金 針 |
| 葉 | 잎 엽 | 艹 갋 갋 갋 갉 갉 葉 葉 |

針葉(침엽) : 바늘 모양의 잎.

| 快 | 유쾌할 쾌 | 忄 忄 忄 快 快 |
| 哉 | 어조사 재 | 十 土 吉 哉 哉 哉 |

快哉(쾌재) : 만족스럽게 여김.

| 脫 | 벗을 탈 | 刀 月 肝 肝 肿 脸 胎 脫 |
| 落 | 떨어질 락 | 艹 갋 갉 갉 갉 갉 落 落 |

脫落(탈락) : 떨어지거나 빠짐.

한자	뜻과 음	쓰는 순서
探	찾을 **탐**	一 扌 扌 扩 扩 押 押 探
究	궁리할 **구**	丶 宀 宀 究 究 究 究

探究(탐구) : 깊이 연구함.

한자	뜻과 음	쓰는 순서
太	클 **태**	一 ナ 大 太
守	지킬 **수**	丶 宀 宀 宀 守 守

太守(태수) : 신라시대 한 고을의 으뜸가는 벼슬.

한자	뜻과 음	쓰는 순서
泰	클 **태**	三 夫 夫 秦 泰 泰
然	그럴 **연**	丿 夕 夕 妖 然 然 然

泰然(태연) : 안색이나 기색이 아무렇지 않고 자연스러움.

한자	뜻과 음	쓰는 순서
投	던질 **투**	一 扌 扌 扌 扩 投 投
射	쏠 **사**	丿 亻 亻 自 身 身 射 射

投射(투사) : 소리, 빛 따위가 다른 매체의 경계면에 이름.

한자	뜻과 음	쓰는 순서
特	특별할 **특**	一 ㅗ 扌 扌 扌 牛 特 特
別	다를 **별**	丶 冂 口 马 另 別 別

特別(특별) : 보통과는 달리 특이함.

한자	뜻과 음	쓰는 순서
波	물결 파	丶丶冫冫氵沪波波
及	미칠 급	ノ乃及

波及(파급) : 어떤 여파나 영향이 차츰 멀리까지 미침.

한자	뜻과 음	쓰는 순서
八	여덟 팔	ノ八
字	글자 자	丶丶宀宀宇字

八字(팔자) : 역학에서 말하는 사람의 평생 운수.

한자	뜻과 음	쓰는 순서
片	조각 편	ノ丿爿片
道	길 도	丶丶丷芦首首道道

片道(편도) : 가고오는 길 중에 어느 한 쪽.

한자	뜻과 음	쓰는 순서
便	편할 편	亻亻仃仃佰便便
利	이로울 리	丶二千千禾利利

便利(편리) : 편하고 쉬움. 간편하고 사용하기에 편함.

한자	뜻과 음	쓰는 순서
平	평평할 평	一丆兀平
均	고를 균	一十土圠均均均

平均(평균) : 많고 적음이 없이 균일함. 수나 양의 중간 값.

한자	뜻과 음	쓰는 순서
抱	안을 포	亅 扌 扌 扚 抅 抱
負	질 부	⺈ 宀 角 自 負 負

抱負(포부) : 마음속에 지닌 생각, 계획, 희망 따위.

한자	뜻과 음	쓰는 순서
布	베 포	ノ ナ 才 右 布
絲	실 사	ㄑ 幺 幺 幺 糸 糸 絆 絲

布絲(포사) : 베실, 삼 껍질을 가공해서 만든 실. 마사.

한자	뜻과 음	쓰는 순서
暴	사나울 폭	冂 日 旦 昌 昗 暴 暴 暴
言	말씀 언	ㆍ 亠 三 言 言 言 言

暴言(폭언) : 거칠고 난폭한 말.

한자	뜻과 음	쓰는 순서
豊	풍년 풍	丨 ㅋ 刲 非 豊 豊 豊
富	부자 부	宀 宀 宀 宣 宣 富 富 富

豊富(풍부) : 양이 많고 넉넉함.

한자	뜻과 음	쓰는 순서
風	바람 풍	丿 几 凡 凡 同 風 風 風
速	빠를 속	一 戸 曰 申 束 束 涑 速

豊速(풍속) : 바람의 속도.

彼	뜻과 음: 저 **피** 쓰는 순서: ノ 彳 彳 彳 彷 彼 彼						
我	뜻과 음: 나 **아** 쓰는 순서: 二 千 手 我 我 我						

彼我(피아) : 그와 나. 상대방과 우리. 저편과 이편.

必	뜻과 음: 반드시 **필** 쓰는 순서: ` ヽ ソ 必 必 必						
須	뜻과 음: 모름지기 **수** 쓰는 순서: ク 夕 須 須 須 須						

必須(필수) : 꼭 필요로 하거나 필요한 것.

匹	뜻과 음: 짝 **필** 쓰는 순서: 一 ㄱ 兀 匹						
敵	뜻과 음: 대적할 **적** 쓰는 순서: 亠 立 产 商 商 啇 敵 敵						

匹敵(필적) : 능력, 세력, 실력 등이 서로
　　　　　　 엇비슷하여 견줄만 함.

賀	뜻과 음: 하례 **하** 쓰는 순서: 力 加 加 智 賀 賀 賀						
客	뜻과 음: 손 **객** 쓰는 순서: ` 宀 宀 宀 灾 突 客 客						

賀客(하객) : 축하하는 손님.

夏	뜻과 음: 여름 **하** 쓰는 순서: 一 丆 丌 百 百 頁 頁 夏						
節	뜻과 음: 마디 **절** 쓰는 순서: ` ⺮ ⺮ 笞 笞 節 節 節						

夏節(하절) : 여름철.

漢字	뜻과 음	쓰는 순서
河	물 하	氵氵氵河河河
川	내 천	ノ 丿 川

河川(하천) : 시내. 강. 시내보다 크고 강보다는 작은 물줄기.

漢字	뜻과 음	쓰는 순서
下	아래 하	一 丅 下
層	층 층	一 尸 尸 尸 屈 屄 層 層

下層(하층) : 아래층. 생활수준, 사회적 지위가 낮은 계층.

漢字	뜻과 음	쓰는 순서
何	어찌 하	亻 仁 仃 何 何
心	마음 심	丿 心 心 心

何心(하심) : 어찌해서 꼭 그렇게.

漢字	뜻과 음	쓰는 순서
學	배울 학	𠂉 𠂉 𦥑 𦥑 𦥑 舉 學 學
校	학교 교	十 才 木 杧 朾 校 校 校

學校(학교) : 선생이 학생에게 교육을 실시하는 곳.

漢字	뜻과 음	쓰는 순서
韓	나라 한	十 古 卓 卓 乾 龺 韓 韓
國	나라 국	丨 冂 冋 囗 或 國 國 國

韓國(한국) : 대한민국의 준말.

閑	뜻과음: 한가할 **한** 쓰는순서: 丨 冂 冂 冃 門 門 閈 閑					

散	뜻과음: 흩을 **산** 쓰는순서: 一 卄 丱 芇 肯 散 散 散					

閑散(한산) : 조용하고 쓸쓸함. 일이 없어 한가함.

寒	뜻과음: 찰 **한** 쓰는순서: 宀 宀 宀 宝 寀 寒 寒 寒					

署	뜻과음: 더울 **서** 쓰는순서: 罒 罒 甼 罘 罢 罯 署					

寒署(한서) : 추위와 더위. 겨울과 여름.

漢	뜻과음: 한수 **한** 쓰는순서: 氵 氵 汢 浐 渽 潼 漢 漢					

陽	뜻과음: 볕 **양** 쓰는순서: 阝 阝 阝 阝 陽 陽 陽 陽					

漢陽(한양) : 서울의 옛 이름.

限	뜻과음: 한정할 **한** 쓰는순서: 阝 阝 阝 阝 阝 限 限					

定	뜻과음: 정할 **정** 쓰는순서: 丶 宀 宀 宀 宇 定 定					

限定(한정) : 제한하여 정하거나 또 그 한도.

恨	뜻과음: 원한 **한** 쓰는순서: 丶 忄 忄 忄 忄 恨 恨 恨					

歎	뜻과음: 탄식할 **탄** 쓰는순서: 一 卄 吂 莒 莫 歎 歎 歎					

恨歎(한탄) : 한숨을 쉬며 탄식함.

한자	뜻과 음	쓰는 순서
合	합할 **합**	ノ 人 ヘ 合 合 合
勢	세력 **세**	土 去 坴 坴刂 勎 埶 埶 勢 勢

合勢(합세) : 힘이나 세력 등을 한데 모음.

한자	뜻과 음	쓰는 순서
恒	항상 **항**	丨 忄 忄 忙 恒 恒
久	오랠 **구**	ノ 夕 久

恒久(항구) : 변하지 않고 오래감.

한자	뜻과 음	쓰는 순서
害	해칠 **해**	丶 宀 宀 宇 宝 害 害 害
毒	독 **독**	一 十 土 主 丰 青 青 毒

害毒(해독) : 해치고 망가뜨림.

한자	뜻과 음	쓰는 순서
解	풀 **해**	冫 夃 夃 角 角 角 解 解
說	말씀 **설**	亠 言 言 言 訁 訃 訥 說

解說(해설) : 알기 쉽게 풀어서 설명함.

한자	뜻과 음	쓰는 순서
海	바다 **해**	氵 氵 汒 洰 海 海 海 海
運	옮길 **운**	冖 冃 冒 軍 軍 軍 運 運

海運(해운) : 해상운송. 화물 따위를 배로 운송함.

幸	뜻과음: 다행 **행** 쓰는순서: 一 十 土 土 圡 坴 坴 幸					
福	뜻과음: 복 **복** 쓰는순서: 丁 亓 亓 禔 禔 褔 褔 福					

幸福(행복) : 복된 좋은 운수.
만족과 기쁨을 느끼는 상태.

行	뜻과음: 다닐 **행** 쓰는순서: ノ ノ 彳 彳 行 行					
實	뜻과음: 열매 **실** 쓰는순서: 宀 宀 宀 宓 審 實 實 實					

行實(행실) : 품행. 일상의 행동.

向	뜻과음: 향할 **향** 쓰는순서: ノ 亻 门 冋 向 向					
方	뜻과음: 모 **방** 쓰는순서: 丶 亠 方 方					

向方(향방) : 향하는 곳.

香	뜻과음: 향기 **향** 쓰는순서: 二 千 千 禾 禾 香 香					
臭	뜻과음: 냄새 **취** 쓰는순서: ノ 亻 白 自 臭 臭					

香臭(향취) : 향기로운 냄새.

許	뜻과음: 허락할 **허** 쓰는순서: 二 言 言 言 訁 訐 許 許					
諾	뜻과음: 대답할 **락** 쓰는순서: 言 言 訁 詳 詳 諾 諾					

許諾(허락) : 청한 일을 들어줌. 승낙.

虛	뜻과음: 빌 **허**
	쓰는순서: ⼀ ⼀ ⼴ ⼢ 虍 虗 虛 虛

榮	뜻과음: 꽃 **영**
	쓰는순서: ⺀ ⺀⺀ ⺍ ⺍⺍ ⺤⺍ 熒 栄 榮

虛榮(허영): 분수에 넘치는 외관상의 영예. 필요이상의 겉치레.

革	뜻과음: 가죽 **혁**
	쓰는순서: ⼀ ⼁⼀ ⼓ ⾰ 苗 苗 革

新	뜻과음: 새 **신**
	쓰는순서: ⼂ ⼂ ⽴ 亲 亲 新 新 新

革新(혁신): 바꾸어 새롭게 함.

賢	뜻과음: 어질 **현**
	쓰는순서: ⼁ ⼕ ⺼ ⾂ 臤 臤 賢 賢

明	뜻과음: 밝을 **명**
	쓰는순서: ⼁ ⼌ ⽇ ⽇ 明 明 明

賢明(현명): 어질고 사리에 밝음.

現	뜻과음: 나타날 **현**
	쓰는순서: ⼀ ⼆ ⺩ ⺩ 珇 珇 珇 現

在	뜻과음: 있을 **재**
	쓰는순서: ⼀ ⼤ ⼤ 左 在 在

現在(현재): 지금. 이 세상. 과거와 미래의 경계.

血	뜻과음: 피 **혈**
	쓰는순서: ⼂ ⼃ ⼎ 血 血 血

肉	뜻과음: 고기 **육**
	쓰는순서: ⼁ ⼌ ⼏ ⾁ 肉 肉

血肉(혈육): 피와 살. 같은 핏줄의 부모, 자식, 형제, 자매.

協	뜻과음	도울 **협**
	쓰는 순서	一 十 卄 炉 炉 协 协 協

議	뜻과음	의논할 **의**
	쓰는 순서	言 計 計 詳 詳 議 議 議

協議(협의) : 협동하려고 여러 사람이 모여 의논함.

刑	뜻과음	형벌 **형**
	쓰는 순서	一 二 千 开 刑 刑

罰	뜻과음	벌줄 **벌**
	쓰는 순서	罒 罒 罒 罒 罰 罰 罰 罰

刑罰(형벌) : 범죄자에게 법률 상으로 제재를 가함.

形	뜻과음	형상 **형**
	쓰는 순서	一 二 千 开 开 形 形

式	뜻과음	법 **식**
	쓰는 순서	一 二 于 于 式 式

形式(형식) : 일을 할 때 일정한 절차나 양식.

兄	뜻과음	맏 **형**
	쓰는 순서	丨 口 口 兄 兄

弟	뜻과음	아우 **제**
	쓰는 순서	丶 丷 ⺌ 肖 弟 弟

兄弟(형제) : 형과 아우. 동기.

惠	뜻과음	은혜 **혜**
	쓰는 순서	一 冂 百 申 males 重 惠 惠

澤	뜻과음	못 **택**
	쓰는 순서	氵 氵 浐 浐 澤 澤 澤 澤

惠澤(혜택) : 은혜와 덕택.

好	뜻과음: 좋을 호 쓰는 순서: ㄑ ㄥ 女 女 好 好					
感	뜻과음: 느낄 감 쓰는 순서: 丿 厂 斤 咸 咸 咸 感 感					

好感(호감) : 좋게 느끼는 감정.

號	뜻과음: 부를 호 쓰는 순서: 丶 口 号 号 虎 虎 號 號					
數	뜻과음: 셀 수 쓰는 순서: 口 日 昌 婁 婁 婁 數 數					

號數(호수) : 차례로 매긴 번호의 수. 미술 작품의 크기를 나타내는 번호.

湖	뜻과음: 호수 호 쓰는 순서: 氵 汁 汁 汁 湖 湖 湖					
水	뜻과음: 물 수 쓰는 순서: 亅 ㄅ 水 水					

湖水(호수) : 사면이 육지로 싸여 물이 괸 곳.

乎	뜻과음: 어조사 호 쓰는 순서: 丿 ㄇ 亞 乎 乎					
也	뜻과음: 어조사 야 쓰는 순서: 丿 𠃍 也					

乎也(호야) : 어조사인 '호' 자와 '야' 자.

戶	뜻과음: 집 호 쓰는 순서: 丶 丿 戶 戶					
主	뜻과음: 주인 주 쓰는 순서: 丶 一 十 丰 主					

戶主(호주) : 한 집안의 가장으로 가족을 부양할 의무가 있는 사람.

虎	뜻과음: 범 호
	쓰는 순서: ⼀ ⼁ ⼷ 虎 虎 虎

穴	뜻과음: 구멍 혈
	쓰는 순서: ⼀ ⼆ 宀 穴

虎穴(호혈): 범의 굴.

呼	뜻과음: 부를 호
	쓰는 순서: ⼀ ⼁ ⼝ 吖 吁 呼

吸	뜻과음: 들이마실 흡
	쓰는 순서: ⼀ ⼁ ⼝ 叽 吸

呼吸(호흡): 숨을 쉼. 함께 조화를 이룸.

或	뜻과음: 혹시 혹
	쓰는 순서: ⼀ ⼁ ⼝ 口 戈 或 或

曰	뜻과음: 가로 왈
	쓰는 순서: ⼁ ⼝ ⽇ 曰

或曰(혹왈): 누가 말하는 바.

混	뜻과음: 섞을 혼
	쓰는 순서: 氵 氵 沪 泪 浘 混 混

聲	뜻과음: 소리 성
	쓰는 순서: ⼠ 声 殸 聲 聲

混聲(혼성): 뒤섞인 소리. 남자 소리와 여자 소리를 서로 합함.

婚	뜻과음: 혼인할 혼
	쓰는 순서: ⼃ 乚 女 妒 妌 娇 婚

需	뜻과음: 구할 수
	쓰는 순서: 一 雨 雫 雸 需 需 需

婚需(혼수): 혼인에 드는 물품. 혼인에 드는 비용.

한자	뜻과 음	쓰는 순서
紅	붉을 **홍**	〈 幺 幺 乡 糸 糽 紅 紅
潮	조수 **조**	氵 氵 汁 淖 淖 淖 潮 潮

紅潮(홍조) : 얼굴이 붉어지거나 그 빛깔.

| 畵 | 그림 **화** | 一 ㅋ 클 圭 書 書 畵 畵 |
| 家 | 집 **가** | 宀 宁 宁 宁 宇 家 家 家 |

畵家(화가) : 그림 그리기가 전문이거나 직업인 사람.

| 花 | 꽃 **화** | 一 十 卄 艹 花 花 花 |
| 郎 | 사내 **랑** | 亠 彐 良 郎 郎 |

花郎(화랑) : 신라시대 청소년의 단체.

| 華 | 빛날 **화** | 一 十 艹 쌰 苹 蕐 華 華 |
| 麗 | 고울 **려** | 一 厂 厂 严 严 麗 麗 麗 |

華麗(화려) : 번화하고 고움. 다채롭고 호화로움.

| 和 | 화목할 **화** | 一 二 千 禾 禾 和 和 和 |
| 睦 | 화목할 **목** | 丨 目 目土 睦 睦 睦 睦 |

和睦(화목) : 서로 뜻이 맞고 정다움.

化	뜻과음: 될 **화** 쓰는순서: ノ 亻 化					

粧	뜻과음: 단장할 **장** 쓰는순서: 丶 丷 丬 米 籵 籵 粧 粧					

化粧(화장) : 얼굴을 곱게 꾸밈.

火	뜻과음: 불 **화** 쓰는순서: 丶 丷 少 火					

災	뜻과음: 재앙 **재** 쓰는순서: 巛 巛 巛 災					

火災(화재) : 불이 나는 재앙.

貨	뜻과음: 재물 **화** 쓰는순서: ノ 亻 化 化 化 貨 貨					

幣	뜻과음: 비단 **폐** 쓰는순서: 尙 尙 敝 敝 幣 幣					

貨幣(화폐) : 돈. 상품 교환의 매개가 되는 금전.

歡	뜻과음: 기쁠 **환** 쓰는순서: 艹 苢 苢 苜 藋 歡 歡					

迎	뜻과음: 맞을 **영** 쓰는순서: 匚 卬 卬 迎 迎 迎					

歡迎(환영) : 오는 사람을 반갑게 맞음.

患	뜻과음: 근심 **환** 쓰는순서: 口 口 串 串 串 患 患					

者	뜻과음: 사람 **자** 쓰는순서: 十 土 耂 耂 者 者 者					

患者(환자) : 다쳤거나 병을 앓고 있는 사람.

한자	뜻과 음	쓰는 순서
活	살 **활**	丶 氵 氵 氵 汗 汗 活 活
性	성품 **성**	丶 忄 忄 忄 性 性 性

活性(활성) : 활발해지거나 반응이 빨라지는 성질.

한자	뜻과 음	쓰는 순서
黃	누를 **황**	一 十 廾 井 苎 芇 黃 黃
金	쇠 **금**	人 人 今 仐 余 金 金

黃金(황금) : 금. 돈이나 재물.

한자	뜻과 음	쓰는 순서
皇	임금 **황**	宀 白 白 皁 皇
帝	임금 **제**	亠 亠 立 立 产 帝 帝

皇帝(황제) : 제국의 군주. 군주가 통치하는 국가의 제왕.

한자	뜻과 음	쓰는 순서
會	모을 **회**	人 人 合 合 合 合 會 會
館	집 **관**	人 人 今 食 食 食 館 館

會館(회관) : 집회나 회의를 목적으로 지은 건물.

한자	뜻과 음	쓰는 순서
回	돌아올 **회**	丨 冂 冂 回 回 回
歸	돌아올 **귀**	丨 白 皀 皀 皐 皐 歸 歸

回歸(회귀) : 한 바퀴를 돌아 제 자리로 돌아오거나 돌아감.

效	뜻과음: 본받을 **효** 쓰는 순서: 一 亠 六 宁 方 交 효 效 效					

果	뜻과음: 열매 **과** 쓰는 순서: 冂 日 日 旦 果 果 果					

效果(효과) : 좋은 결과. 연예, 방송 등에서 정취를 더하는 방법이나 기술.

孝	뜻과음: 효도 **효** 쓰는 순서: 一 十 土 耂 耂 孝 孝					

子	뜻과음: 아들 **자** 쓰는 순서: 丁 了 子					

孝子(효자) : 부모나 조상을 잘 섬기는 아들이나 자식.

厚	뜻과음: 두터울 **후** 쓰는 순서: 一 厂 厂 厂 厚 厚 厚 厚					

謝	뜻과음: 사례할 **사** 쓰는 순서: 三 言 訁 訂 訃 詢 謝 謝 謝					

厚謝(후사) : 감사하는 마음으로 후하게 사례함.

訓	뜻과음: 가르칠 **훈** 쓰는 순서: 二 三 言 言 言 訓 訓					

育	뜻과음: 기를 **육** 쓰는 순서: 一 亠 六 㐬 育 育 育					

訓育(육) : 가르쳐 기름. 감정과 의지를 닦아 성격을 완성시키는 교육.

休	뜻과음: 쉴 **휴** 쓰는 순서: 丿 亻 仁 什 休 休					

日	뜻과음: 날 **일** 쓰는 순서: 丨 冂 日 日					

休日(휴일) : 일을 쉬고 노는 날.

胸	뜻과음: 가슴 흉 쓰는순서: ノ 刀 月 肑 肑 胸

胸中(흉중) : 가슴속. 마음이나 생각.

中	뜻과음: 가운데 중 쓰는순서: 丨 口 口 中

黑	뜻과음: 검을 흑 쓰는순서: 口 口 四 甲 里 黑 黑

幕	뜻과음: 장막 막 쓰는순서: 艹 芍 苜 莫 幕 幕

黑幕(흑막) : 검은 장막. 겉으로 드러나지 않은 음흉한 내막.

興	뜻과음: 일어날 흥 쓰는순서: 𠂎 𠂊 𦥑 𦥒 𦥓 興 興

亡	뜻과음: 망할 망 쓰는순서: 丶 亠 亡

興亡(흥망) : 국가나 민족 따위의 흥기와 멸망.

希	뜻과음: 바랄 희 쓰는순서: 丿 乂 ㇇ 产 产 希 希

望	뜻과음: 바랄 망 쓰는순서: 亠 亡 切 旫 望 望 望

希望(희망) : 이루어 얻고자 바람. 앞으로의 밝은 전망.

喜	뜻과음: 기쁠 희 쓰는순서: 十 壴 吉 吉 查 喜 喜

悅	뜻과음: 기쁠 열 쓰는순서: 丶 忄 忄 悅 悅 悅

喜悅(희열) : 기쁨과 즐거움.

漢字의 특성

1. 한자는 뜻글자이다

한자는 표의문자(表意文字)다. 표의문자란 나타내고자 하는 뜻을 그림이나 부호 등을 이용하여 구체화시킨 글자를 말한다. 따라서 한자는 대체로 하나의 글자가 하나의 뜻을 가진 낱말로 쓰인다. 예를 들면 '日'은 '태양'이란 뜻을 나타내기 위해서 해의 모양을 그린 것이다. 또 '木'은 '나무'라는 뜻을 나타내기 위해서 줄기와 가지와 뿌리의 모양을 그렸다.

⊖ → 日   ⋇ → 木

2. 한자는 고립어이다

한자는 형태적으로 고립어에 속한다. 고립어란 하나의 낱말이 단지 뜻만을 나타내며, 문장 속에 쓰였을 때는 낱말의 형태에는 변화가 없이 단지 그 자리의 차례로써 문법적 기능을 가지는 언어를 말한다. 따라서 우리말처럼 명사에 조사가 붙어 문법적인 관계를 나타내는 곡용(曲用)과 동사나 형용사의 어미가 여러 꼴로 바뀌는 활용(活用)의 문법적 현상이 없다.

명사의 변화	주 격	소유격	목적격
우리말	나(는) 내(가)	나(의)	나(를)
영 어	I	My	Me
한 자	我	我	我

동사의 변화	기본형	현 재	과 거
우리말	가다	간다	갔다
영 어	Go	Go	Went
한 자	去	去	去

3. 한자의 세 가지 요소

한자는 각각의 글자가 모양[形]과 소리[音]와 뜻[義]의 세 요소를 갖추고 있다. 그런데 이 形·音·義는 여러 가지 모양을 나타내기도 하며, 두 가지 이상의 소리로 읽히기도 하며, 여러 가지의 뜻을 나타내기도 한다. 즉 예를 들면

形: 魚 ▶ 魚(갑골문자)→ 魚(금문)→ 魚(석고문)→ 魚(전문)→魚(예서)

音: 樂 ┌ (악)풍류 → 音樂(음악)
      ├ (락)즐겁다 → 娛樂(오락)
      └ (요)즐기다 → 樂山樂水(요산요수)

義: 行 ┌ 가다, 다니다 → 步行(보행)
      ├ 흐르다 →流行(유행)
      ├ 행하다 → 逆行(역행)
      └ 가게 → 銀行(은행)

漢字의 구성 원리

한자는 표의문자이기 때문에 각각의 글자가 모두 그러한 뜻을 나타내게 된 방법과 과정이 있게 마련인데, 이 방법과 과정을 하나로 묶어 육서(六書)라고 하며, 이는 구체적으로 상형(象形), 지사(指事), 회의(會意), 형성(形聲), 전주(轉注), 가차(假借)로 구분된다.

육서 { 상형(象形) · 지사(指事) · 회의(會意) · 형성(形聲) ——— 구성법
전주(轉注) · 가차(假借) ——— 사용법

1. 상형과 지사

글자를 직접 만들어 내는 방법이다. 형태를 갖고 있는 사물의 모양을 본떠 그려서 만드는 것을 상형(象形), 형태가 없이 추상적 개념을 나타내기 위한 것을 지사(指事)라 한다.

⊙ 상형(象形) : 사물의 모양을 있는 그대로 본떠서 한자를 만드는 방법이다. 즉 '月'은 달의 이지러진 모양과 달 속의 검은 그림자를 그려서 나타낸 것이고, '山'은 삐쭉삐쭉 솟은 산봉우리의 모양을 본뜬 것인데, 차츰 쓰기 쉽고 보기 좋게 변하여 지금과 같이 쓰는 것이다.

⊙ 지사(指事) : 숫자나 위치, 동작 등과 같이 구체적인 모양이 없는 것을 그림이나 부호 등으로 나타내어 만드는 방법이다. 예를 들어 위나 아래 같은 것은 본래 구체적인 모양은 없지만 기준이 되는 선을 긋고 그 위나 아래에 있음을 나타내는 것으로 표시할 수 있다.

※ 또 지사는 상형문자에 부호를 덧붙여 만들기도 한다. 즉 '木'에 획을 하나 그어 '本'이나 '末' 등을 만들거나, '大'에 획을 더해 '天' 또는 '太'를 만드는 것이다.

2. 회의와 형성

상형과 지사의 방법에 의해 만들어진 글자들을 결합하여 만드는 방법이다. 두 개 이상의 글자가 가진 뜻을 합쳐서 만드는 것을 회의(會意)라고 하고, 뜻을 나타내는 글자와 음을 나타내는 글자를 모아 만드는 것을 형성(形聲)이라고 한다.

⊙ 회의(會意) : 이미 만들어진 글자들에서 뜻과 뜻을 합쳐서 새로운 뜻을 가진 글자를 만드는 방법이다. '田'과 '力'이 합쳐져 밭에서 힘을 쓰는 사람이 바로 남자란 뜻으로 '男'자를 만들거나, '人'과 '言'을 합쳐 사람의 말은 믿음이 있어야 한다는 뜻으로 '信'자를 만드는 것 등이 그 예가 된다.

力+口→加　門+日→間　手+斤→折　人+木→休

⊙ **형성(形聲)** : 새로운 뜻의 글자를 만들기 위해서 이미 만들어진 글자를 이용하는 방법이다. 회의는 뜻과 뜻을 합하여 새로운 글자를 만드는 것인데 비해 형성은 한 글자에서는 소리만을 빌려 오고 다른 한 글자에서는 모양을 빌려 와 새로운 뜻을 가진 글자를 만드는 것이다. 즉 마을이란 뜻의 '村'은 '木'에서 그 뜻을 찾아내고 '寸'에서 음을 따와 만들고, 밝다는 뜻의 '爛'은 '火'에서 뜻을 따오고 '蘭'에서 음을 따와 만드는 식이다. 한자에는 이 형성으로 만든 글자가 전체의 80%에 이른다.

雨 + 相 → 霜   木 + 同 → 桐   手 + 妾 → 接   心 + 每 → 悔

3. 전주와 가차

새로운 글자를 만들어내는 것이 아니라 이미 만들어진 글자에서 새로운 뜻을 찾아내는 것을 말한다. 즉 한 글자를 딴 뜻으로 돌려쓰는 것이나 같은 뜻을 가진 글자끼리 서로 섞어서 쓰는 것을 전주(轉注)라고 하고, 이미 만들어진 글자에 원래 뜻과는 전혀 다른 뜻으로 사용하는 것을 가차(假借)라고 한다.

⊙ **전주(轉注)** : 하나의 글자를 비슷한 의미에까지 확장해서 사용하거나 같은 뜻을 가진 비슷한 글자끼리 서로 구별 없이 사용하는 것을 말한다.

① 동일한 글자를 파생적인 용법으로 사용하는 방법이다. 즉 어느 문자를 그것이 나타낸 말과 뜻이 같거나 또는 의미상 관계가 있는 다른 말을 나타내는 데 사용하는 경우이다. 예를 들면 '樂'의 원래 뜻은 '음악'이었으나 음악은 사람의 마음을 즐겁게 해주는 것이므로 '즐겁다'는 뜻으로도 쓰이고 음도 '락'으로 바뀌었다. 또 음악은 사람이 좋아하는 것이므로 '좋아하다'는 뜻으로 쓰여 음도 '요'로 바뀌어 쓰인다.

樂 { (악)풍류→音樂(음악)
     (락)즐겁다→娛樂(오락)
     (요)즐기다→樂山樂水(요산요수)

② 모양은 다르고 뜻이 같은 두 개 이상의 글자가 아무런 구별 없이 서로 섞이어 사용되는 방법이다. 이 경우 두 글자 사이에는 서로 발음이 같거나 비슷해야 한다는 조건이 따른다. 가령 '不'과 '否'는 모두 '아니다'라는 뜻을 가지고 발음도 비슷하므로 서로 전주될 수 있는 글자이다.

{依倚} {考老} {存在} {生産} {共同} {入內} {逆迎} {途道}

⊙ **가차(假借)** : 이미 만들어진 한자에서 모양이나 소리나 뜻을 빌려 새로 찾아낸 뜻을 대신 사용하는 방법으로, 주로 외래어를 표현하기 위한 수단으로 쓰인다.

① 모양을 빌린 경우 : '弗'이 원래는 '아니다'는 뜻으로, 원래는 돈과는 관계없는 글자였으나 미국의 돈 단위인 달러를 표현하기 위해 '$'과 비슷한 모양을 가진 이 글자를 달러를 나타내는 글자로 사용한 것으로, 이때 발음은 원래 발음인 '불'을 그대로 쓰고 있다.

② 소리를 빌린 경우 : '佛'은 원래 부처와는 아무 상관이 없이 '어그러지다'란 뜻을 가진 글자였으나 부처란 뜻의 인도말 '붓다(Buddha)'를 한자로 옮기기 위해서 소리가 비슷한 이 글자를 빌려다가 '부처'란 뜻을 나타낸 것이다.

③ 뜻을 빌린 경우 : '西'는 원래 새가 둥지에 깃들인 모양을 나타내는 것으로, '깃들이다'는 뜻을 가진 글자였다. 그러나 새가 둥지에 깃들일 때는 해가 서쪽으로 넘어갈 때이기 때문에 '서쪽'이란 의미로 확대해서 사용하게 되었다.

그밖에도 가차의 예를 들어보면 다음과 같은 것들이 있다.

    可口可樂(커커우커러) → 코카콜라
    百事可樂(빠이스커러) → 펩시콜라 ▶음을 빌린 경우

    電梯(전기사다리) → 엘리베이터
    全錄(모두 기록함) → 제록스 ▶뜻을 빌린 경우

漢字의 부수

5만자가 넘는 한자를 자획을 중심으로 그 구조를 살펴보면 모두 214개의 공통된 부분이 나타나는데, 이 214개의 공통된 부분을 부수(部首)라고 한다. 즉 그 글자의 모양을 놓고 볼 때 비슷한 요소를 가지고 있는 것끼리 분류할 경우 그 부(部)의 대표가 되는 글자이다. 자전(字典)은 모든 한자를 이 부수로 나누어 매 글자의 음과 뜻을 밝혀 놓는 방식을 사용하고 있다.

예를 들면 '정(丁)', '축(丑)', '세(世)', '구(丘)' 등은 '일(一)'부에 속하고 '필(必)', '사(思)', '쾌(快)', '치(恥)' 등은 '심(心)'부에 속한다.

부수는 다시 위치에 따라 다음과 같이 구별하여 부른다.

명 칭	위 치	모양	보 기
변	부수가 글자의 왼쪽에 있는 것	▌▯	亻(사람인 변) : 仙
방	부수가 글자의 오른쪽에 있는 것	▯▌	阝(고을읍 방) : 部
머리	부수가 글자의 위쪽에 있는 것	▀	宀(갓머리) : 宗
다리	부수가 글자의 아래쪽에 있는 것	▄	儿(어진사람인 발) : 兄
몸	부수가 글자의 바깥쪽에 있는 것	▢	囗(큰입구) : 國
받침	부수가 글자의 왼쪽으로부터 아래쪽으로 걸쳐 있는 것	∟	辶(책받침) : 進
안	부수가 글자의 위쪽으로부터 왼쪽으로 걸쳐 있는 것	⌐	广(엄호 밑, 안) : 度

*부수의 정리 방법과 배열, 명칭 등은 예로부터 일정하지 않다. 후한의 허신(許愼)이 편찬한 〈설문해자(說文解字)〉는 '일(一)', '이(二)', '시(示)'에서 '유(酉), 술(戌), 해(亥)'까지 540부로 나누고, 양(梁)나라의 고야왕(顧野王)이 펴낸 〈옥편(玉篇)〉은 〈설문해자〉의 14부를 더해 542부로 하였다. 부수의 배열은 중국의 옥편을 따르는 의부분류 중심의 것이 많으나 근대에는 주로 획수순(劃數順)에 따라 배열한다. 현행 한한사전(漢韓辭典)은 대부분 '일(一)'에서 '약'까지 214개의 부수를 획수순으로 배열하고, 부수 내의 한자도 획수에 따라 배열한 〈강희자전(康熙字典)〉을 따르고 있다.

▶자전 찾는 법

모르는 한자를 자전에서 찾는 데는 다음과 같은 세 가지 방법이 있다.

◉ **부수 색인 이용법** : 찾고자 하는 한자의 부수를 가려내어 부수 색인에서 해당하는 부수가 실린 쪽수를 찾은 다음, 부수를 뺀 나머지 획수를 세어 찾아본다.

◉ **총획 색인 이용법** : 찾고자 하는 한자의 음이나 부수를 모를 때는 획수를 세어 획수별로 구분해 놓은 총획 색인에서 그 글자를 찾은 다음 거기에 나와 있는 쪽수를 찾아간다.

◉ **자음 색인 이용법** : 찾고자 하는 글자의 음을 알고 있을 때, 자음 색인에서 그 글자의 쪽수를 확인 하여 찾는 방법이다.

※ 획(劃)이란 붓을 한번 대었다가 뗄 때까지 쓰인 점과 선을 말하는데, 이를 자획이라고 한다. 예를 들면, 日은 '丨 冂 日 日'과 같이 붓을 네 번 떼게 된다. 따라서 이 글자의 획은 모두 4개이다.

漢字의 結構法(글자 꾸밈)

▶ 한자의 꾸밈은 대체적으로 다음 여덟 가지로 나눈다.

| 扁
변 | 旁
방 | 冠관
沓답 | 垂수 | 構구 | 繞요 | 單獨
단독 |

扁	작은 扁을 위로 붙여 쓴다.	堤	端	唯	時	絹
	다음과 같은 변은 길게 쓰고, 오른쪽을 가지런히 하며, 몸(旁)에 비해 약간 작게 양보하여 쓴다.	係	防	陳	科	號
		般	婦	賦	精	諸
旁	몸(旁)은 변에 닿지 않도록 한다.	飮	服	視	務	敎
冠	위를 길게 해야 될 머리.	苗	等	옆으로 넓게 해야 될 머리.	富	雲
沓	받침 구실을 하는 글자는 옆으로 넓혀 안정되도록 쓴다.	魚	忠	愛	益	醫
垂	윗몸을 왼편으로 삐치는 글자는 아랫부분을 조금 오른쪽으로 내어 쓴다.	原	府	庭	虎	屋
構	바깥과 안으로 된 글자는 바깥의 폼을 넉넉하게 하고, 안에 들어가는 부분의 공간을 알맞게 분할하여 주위에 닿지 않도록 쓴다.	圓	國	園	圖	團
		向	門	問	間	聞
繞	走는 먼저 쓰고 起 辶廴 는 나중에 쓰며, 대략 네모가 되도록 쓴다.					進